Erik Händeler

Kondratieffs Gedankenwelt

Erik Händeler

Kondratieffs Gedankenwelt

Die Chancen im Wandel zur Wissensgesellschaft

Marlon
www.marlon-verlag.de

Bibliografische Information der Deutschen Nationalbibliothek
Die Deutsche Nationalbibliothek verzeichnet diese Publikation in der Deutschen Nationalbibliografie; detaillierte bibliografische Daten sind im Internet über http://dnb.ddb.de abrufbar.

ISBN 978-3-943172-06-5

Der Autor:
Erik Händeler, Jahrgang 1969, verheiratet, drei Kinder, hat Wirtschaftspolitik und Volkswirtschaft studiert. Anfang 1997 wurde er freier Journalist, um die Kondratiefftheorie und ihre politische Konsequenzen in eine breite öffentliche Debatte zu bringen. Erik Händeler rüttelt mit seinem Buch die Leser auf und vertritt auch bei seinen vielen Vortragsreisen, Interviews und Rundfunkbeiträgen immer wieder die Auffassung: Wir sind der Krise nicht ohnmächtig ausgeliefert. Wir haben die Wahl!

6., vollständig aktualisierte Auflage 2014
Titel der Originalausgabe: Kondratieffs Welt © 2005 Brendow Verlag, Moers

Ein Imprint der Joh. Brendow & Sohn Verlag GmbH, Gutenbergstr. 1, 47443 Moers
www.marlon-verlag.de

Lektorat: Eckhard Schwettmann, Gernsbach
Umschlag: BrendowPrintMedien, Moers
Satz: Satz & Medien Wieser, Stolberg
Druck: CPI – Clausen & Bosse, Leck
Printed in Germany

Inhalt

Vorwort zur 6. Auflage 7

Ein umfassend anderer Blick 8

Kapitel 1
Wann wird Gesundheit zum Wachstumsmotor
der Wirtschaft? 11

Kapitel 2
Kondratieffs Globalsicht 23

Kapitel 3
Geschichte in langen Wellen 47

Kapitel 4
Wirtschaft ist eine kulturelle Leistung 61

Kapitel 5
Die Zukunft findet im gedachten Raum statt 75

Kapitel 6
Der Zukunfts-Schlüssel 83

Kapitel 7
Investieren in Menschen 97

Kapitel 8
Der entscheidendste Standortfaktor 105

Kapitel 9
Gelassenheit in Vielfalt 113

Eine Einladung 125

Vorwort zur 6. Auflage

Die Märkte werden instabiler, die Wirtschaft unsicher, die Politik ratlos. Regierungen haben sich – nach dem Rat der geltenden Wirtschaftslehren – mit zusätzlichen Ausgaben stark verschuldet, um die Nachfrage zu stützen. Notenbanken haben Geld gedruckt und so einen Kredit auf den Wert der Währung aufgenommen – doch das alles verhindert eine Krise nicht, es erhöht lediglich die Fallhöhe.

Alles ganz normal: Krisen hat es auch in der Vergangenheit immer dann gegeben, wenn ein technologisches Netz sich fertig ausgebreitet hat und nun nicht mehr stark genug war, die Konjunktur zu tragen und für Beschäftigung zu sorgen. Ob es gelingt, die sich in der Weltwirtschaft ankündigende Krise zu bewältigen, hängt davon ab, ob die Akteure die Ursachen dafür erkennen. Mainstream-Ökonomik sieht vor allem auf monetäre Indikatoren und versucht, mit Geldverteilung, Zinssenkungen oder Steuerreformen den Wohlstand zu heben. Das alles muss scheitern, weil diese Maßnahmen nichts im „richtigen" Leben verändern. Dort setzt Kondratieff mit seiner Theorie an, die den Blick auf Maßnahmen in der Realwirtschaft richtet.

Dieses Buch ist für jene, die eine schnelle und kurzweilige Einführung in das Thema suchen. Dass es nun in 6. Auflage erscheint, zeigt, dass es Nachfrage gibt nach einer nicht-monetären Analyse. Wer es genauer wissen will, der lese mein Buch „Die Geschichte der Zukunft – Sozialverhalten heute und der Wohlstand von morgen / Kondratieffs Globalsicht" – immerhin in 9. Auflage erschienen.

Erik Händeler, Juni 2014

Ein umfassend anderer Blick

Kondratieffs Gedankenwelt

Da sitzt jemand 1938 in Einzelhaft und wartet auf seine Hinrichtung. Abgesehen davon, dass das für jeden Menschen eine Katastrophe ist, verzweifelt der russische Ökonom Nikolai Kondratieff auch als Wissenschaftler daran, dass sein Werk verloren scheint: Mit seiner Theorie der langen Konjunkturwellen hat er umfassend erklärt, wie die virtuell-monetäre und die real-materielle Seite der Wirtschaft zusammenhängen.

Seine Gedankenwelt kurz erklärt: Weil ein Produktionsfaktor – zum Beispiel Transport – im Verhältnis zu den anderen Produktionsmitteln zu knapp und daher zu teuer wird, stagniert die Wirtschaft. Denn wenn es an Produktivitätsfortschritten fehlt, machen Unternehmer kaum noch Gewinne und haben damit keinen Grund, zu investieren und Menschen zu beschäftigen. Wenn aber dann eine grundlegende Erfindung – zum Beispiel die Eisenbahn – die Knappheit überwindet, fließt das freie Geld in diesen Sektor, weil sich dort gut Geld verdienen lässt. Die freigesetzten, eingesparten Ressourcen werden in allen anderen Branchen ausgegeben, die Wirtschaft boomt. Bis es eben wieder eine neue Knappheit im Produktionsprozess gibt.

Anders als alle anderen Wirtschaftstheorien ist die von Kondratieff umfassender als jene, die Wirtschaft nur unter monetären Aspekten diskutieren. Preise, Zinsen, Löhne, Geldmenge, Inflation – das alles ist nicht die Ursache der ökonomischen Entwicklung, sondern nur deren Folge. Kondratieff sieht den Motor der Wirtschaft in den Verbesserungen des realen Lebens, die den Menschen Zeit und Kraft sparen, um damit etwas anderes anzufangen – so entstehen rentable Arbeitsplätze und mehr Wohlstand.

Aus Kondratieffs Perspektive kurz vor seiner Hinrichtung waren die Aussichten in jeder Hinsicht trostlos, auch für sein

Werk: Der Osten versank im Stalinismus, der Westen neigte sich den ökonomischen Lehren von Keynes zu, der versprach, mit monetären Größen wie Geldmenge und Staatsausgaben Nachfrage so steuern zu können, dass lange Zyklen und deren finale Krisen endgültig abgeschafft seien – was auch erst einmal funktionierte, nämlich solange Auto und Erdöl nach dem Zweiten Weltkrieg die Wirtschaft trugen.

Wer ganzheitliche Erklärungen für die wirtschaftliche Situation sucht und Strategien für die Zukunft, dem bietet Kondratieffs Theorie einen faszinierend anderen Blick auf die Wirtschaft. Ob in der Schule, an der Börse oder im kranken Gesundheitswesen: Vor dem Hintergrund der Kondratiefftheorie werden die aktuellen Phänomene verständlich und verlieren an Schrecken. Übertragen auf heutige Produktionsverhältnisse zeigt sie, in welche Richtung die ökonomische Entwicklung weitergeht: Der beste Weg in die Zukunft ist, in Menschen zu investieren.

Kapitel 1

Wann wird Gesundheit zum Wachstumsmotor der Wirtschaft?

Angeblich, so ein weit verbreitetes Gerücht, soll der Gesundheitsmarkt zum Wachstumsmotor der Wirtschaft werden. Doch was zunimmt, sind die Kassenbeiträge und Verteilungskämpfe; die Krankenkosten werden immer weniger bezahlbar, der Sozialstaat steht vor dem Zusammenbruch. Dabei ist das Gesundheitswesen gar nicht das größte Problem unserer Gesellschaft. Im Gegenteil liegt in ihm der Schlüssel zu den gesamtgesellschaftlichen Problemen von der Staatsverschuldung bis hin zur Rente. Was aber muss geschehen, damit sich die Nachfrage nach Gesundheitsleistungen endlich entfalten kann und Konjunktur und Beschäftigung anheizt? Dabei hilft ein Blick in „Die Geschichte der Zukunft".

Deutschland 2030: Otto Normalpatient bekommt von seiner Krankenkasse einiges geboten. Sie bezahlt ihm den Gesundheitstrainer, der ihm das Know-why und die Lust an langsamer Bewegung vermittelt, die den Stoffwechsel in den Zellen belebt, und den Ernährungsberater, der ihm – je nachdem, ob er eher ein Eiweiß- oder ein Kohlehydrate-Typ ist – einen ausgewogenen Speiseplan vorschlägt; mit wenigen Tricks sorgt ein Schlafberater dafür, dass er sich gesünder schläft; Mediatoren und Seelsorger haben ihm geholfen, seine persönlichen Beziehungen zu klären und zu versöhnen, und so den Druck auf seinen Organismus zu verringern; sie unterstützen ihn darin, seine innere Widerstandskraft und psychische Gesundheit systematisch zu stärken. Dadurch wird er nicht nur seltener krank, weil Körper, Geist und Seele besser und mit mehr Ressourcen auf weniger Defekte reagieren, Otto N. steht auch länger als Gleichaltrige zehn Jahre zuvor mit Freude im Berufsleben (was auch aus demografischen Gründen notwendig wurde). Je älter er im Beruf wird, umso weniger Stunden am Tag arbeitet er, bei weniger Stress und auch bei anteilig weniger Lohn – das ermöglicht es ihm, im Beruf gesund alt zu werden und sich weit bis in die 70er flexibel einzubringen. Er wird am Ende nicht mehr nach langer Pflegebedürftigkeit, sondern – so lustig das klingt – gesund sterben. Das Krankheitsreparatursystem der alten Industriegesellschaft hat sich inzwischen völlig neu organisiert zu einem Gesundheitssystem, bei dem ein großer Teil der Krankenkassenbeiträge für die Gesunderhaltung verwendet wird. Und wer privat Geld ausgibt für gesunderhaltende Waren und Dienstleistungen, der kann es von der Steuer absetzen – wie seine Beiträge zur beruflichen Weiterbildung auch.

So ganz freiwillig geschieht das allerdings nicht. Denn wenn er krank wird, kostet die Behandlung jetzt in den meisten Fällen auch sein Geld. Noch zehn Jahre zuvor war Otto N. ein Vorbeugemuffel wie alle anderen auch, der Rückenschule und Krebsvorsorgeuntersuchung mied, die neonbunten Fitnessclowns (zu Recht) als unnötige Stressoren wahrnahm und schnell vergaß, was er bei Kuren gelernt hatte. In dem damals real existierenden Krankheitsmarkt hatte keiner der Akteure ein wirtschaftliches Interesse daran, den Menschen zu einem gesunden Leben zu verhelfen, um Krankheit zu vermeiden. Schließlich wollten sie noch mehr Medikamente verkaufen und noch mehr Behandlungen abrechnen – niemand hatte einen Vorteil davon, wenn plötzlich lauter Gesunde viel seltener Reparaturwerkstätten aufsuchten (zur Not erfand man eben ein paar neue Befindlichkeitsstörungen). Kein Wunder, dass die Kosten explodierten.

Die Politik wehrte sich lange, das System zu ändern, und verschob die Probleme immer weiter in die Zukunft. Sie gaukelte den Menschen vor, man müsse nur die Verteilungsgesetze verfeinern oder die Beiträge ein bisschen erhöhen, und schon sei ein „Weiter so" wieder möglich; sie behauptete, die aktuellen Leistungen des Gesundheitswesens für den Einzelnen würden so bleiben, während sie gleichzeitig das Gesamtsystem deckelte und Nullrunden verordnete. Das eine hing aber mit dem anderen zusammen: Schon kurzfristig wurde der Einzelne schlechter versorgt, weil dem Gesamtsystem nicht mehr Ressourcen zugeführt wurden. Den großen Befreiungsschlag wusste die Streitmacht der Besitzstandswahrer lange zu verhindern. Die Krankenkassenbeiträge stiegen so, dass viele ihre Arbeit verloren, weil immer weniger Unternehmer paritätisch die Krankenkassenbeiträge zahlen konnten, und dass die, die noch Arbeit hatten, immer mehr ihres Nettolohnes einbüßten. Trotzdem arbeiteten die Gesundheitsanbieter immer weniger wirtschaftlich, die Kranken wurden immer schlechter versorgt.

Dabei war im Jahr 2014 erst ein Drittel aller Krankheiten therapierbar, während es schon bald zwei Drittel sein sollten, aber immer weniger von allen bezahlbar. Was für eine absurde Situation: Einerseits stieg die Arbeitslosigkeit europaweit weiter an, auch weil die Leute inzwischen die Probleme ganz gut gelöst hatten, wie man eine Waschmaschine zusammenmontiert oder Briefe ausdruckt. Andererseits war die Nachfrage nach Gesundheit längst größer als es das reglementierte staatliche System finanzieren konnte. Sie wurde künstlich klein gehalten, obwohl sich das ein Land mit sechs Millionen Arbeitslosen (inklusive stiller Reserve) nicht leisten konnte. Als die Schlangen in den Arbeitsämtern nach dem starken Produktivitätszuwachs, den der Computerboom weltweit gebracht hatte, immer länger wurden, standen die Krankenversicherungen vollends mit dem Rücken zur Wand.

Es ist ganz normal, dass wir alle älter werden.

Die Überalterung war nicht wirklich daran Schuld – es ist nämlich normal, rüstig alt zu werden. Und wenn die Menschen in früheren Zeiten mit 40 Jahren an Erschöpfung oder an einer Infektion starben – das war unnormal. Was wir in Wirklichkeit erlebten, als wir alle im Durchschnitt älter wurden, war angesichts der veränderten Arbeitswelt und des technischen Fortschritts eine Normalisierung. Mit dem Zusammenbruch des Systems setzte sich schließlich unter der Mehrheit der Wähler die Erkenntnis durch, dass 80 Prozent des Geldes für Zivilisationskrankheiten und die Folgen des Lebensstils draufgingen. Längst hatten Maschinen die Hausarbeit und Versandfirmen den Einkauf übernommen, Fernsehen und Computer brachten Unterhaltung ins Haus. Die Deutschen des Jahres 2014 verbrauchten 600 Kilokalorien am Tag (und damit ein Viertel) weniger als 30 Jahre vorher, ihre Manager gingen im Durchschnitt nur noch zwei Kilometer am Tag statt 20 Kilometer 50 Jahre früher. 17.000 Stunden ihres

Berufslebens verbrachten sie genervt im Stau, sitzend. Die normale Muskelspannung im Ruhezustand war in den 30 Jahren zuvor deutlich angestiegen – dabei verhindert ein Muskel, der nur zu einem Drittel angespannt ist, jede weitere Durchblutung. Über 80 Prozent der Kopfschmerzen waren von verspannter Nackenmuskulatur verursacht. Die 37,5-Stunden-Woche hatte nicht die Arbeit verringert, sondern die nötigen, entspannenden Leerlaufzeiten beseitigt. Schon die 40-Jährigen litten an Knorpeldeformationen – weil Gelenke, die kaum bewegt werden, vom Organismus auch nicht versorgt werden.

Der Körper erkrankt, wenn er nicht in Schwung kommt: Herz-Kreislauf-Störungen, Krebs, Diabetes, Übergewicht, Rückenschmerzen, Schlaflosigkeit oder Kopfschmerzen waren gar nicht naturgegeben (wie die Mehrheit schicksalsergeben glaubte), sondern schlicht die Folge einer rein sitzenden Lebensweise, für die wir nicht konstruiert sind. Nun waren wir innerhalb eines Menschenalters vom Muskel- zum Nervenarbeiter mutiert. Den tagtäglichen Stress körperlich zu verarbeiten, wie wir es als Savannenläufer in der Jungsteinzeit gewohnt waren – angreifen und den Kunden verprügeln, weglaufen und einfach aus dem Besprechungszimmer flüchten –, gilt heute im Büro nicht mehr als angebracht. Geblieben sind die archaischen Körperreflexe bei Anspannung: Adrenalin wird ausgeschüttet, Adern verengen sich, das überschüssige Cholesterin lagert sich infarktgefährlich an den Arterien ab, weil es nicht verbrannt wird, weil wir eben doch auf dem Bürostuhl sitzen blieben, den Aufzug benutzten, im Auto nach Hause fuhren. Die Zahl der Herzinfarkte hatte sich auch deshalb in den vergangenen 25 Jahren verdoppelt. Die großen Kostenreserven lagen also gar nicht in den Verteilungskämpfen zwischen Ärzten, Krankenkassen und Pharmaindustrie (wie einem das Verbandsgetöse in den Medien glauben machte) oder bei den Krankenhäusern, in denen anstatt drei Nachtschwestern dann eben zwei in einer Schicht unter noch mehr Druck dieselbe Arbeit machen mussten. Die größten Kostenreserven lagen bei den einzelnen Menschen und der Art, wie sie mit Leben umgingen.

Doch eine persönliche Gesundheitsreform schien damals dem Einzelnen unzumutbar. Schließlich kann niemand gezwungen werden, sich so gesundheitsfördernd zu verhalten, dass er damit den Geldbeutel der anderen schont. Das änderte sich, als die Reorganisation des Systems wirtschaftliche Anreize für einen nachhaltigen Lebensstil bot: Zwar trägt die Gemeinschaft der Versicherten weiterhin die Kosten, wenn jemand krank wird (schließlich kann man nichts für seine genetische Ausstattung durch seine Vorfahren sowie für manche Lebensumstände). Aber sie zahlt – existenzabsichernd und sozial abgefedert – nur nach Krankheitsart und nur zu einem gewissen Anteil; den Rest zahlt jeder selbst, bis höchstens zehn Prozent seines Bruttoeinkommens. Wer nichts verdient, zahlt eben zehn Prozent von null, also nichts hinzu – das solidarisch finanzierte Gesundheitswesen konnte durch die leichte Zuzahlung und gegen die reinen Marktbefürworter im Prinzip erhalten werden. Damit strömte eine ungeheure Geldmenge in das ausgedorrte Gesundheitswesen – Geld, das zuvor nur weitervererbt oder volkswirtschaftlich unproduktiv für Luxusgüter verpulvert worden war. Zwar gab es zunächst noch eine Gerechtigkeitsdebatte: Ist es nicht unfair, dass sich nur sehr Reiche ihre Extra-Gentechnik-Therapie leisten können, Otto N. dagegen nicht? Doch schon damals konnte sich nicht jeder einen Urlaub im Wellnesshotel leisten, ganz zu schweigen von zahllosen Menschen in der Dritten Welt, die noch leben würden, hätten sie nur die zwei Dollar für ein notwendiges Medikament besessen. So wurde das Geld der Reichen, mit dem sie sich in manchen Fällen noch ein oder zwei Lebensjahre kauften, zum Segen für alle: Einmal durch das zusätzliche Einkommen, das es generierte, zum anderen amortisierten sich jetzt die teuren Entwicklungskosten immer mehr, so dass nach nur zehn Jahren auch Otto N. in den Genuss dieser ehemals unerschwinglichen Technologien kam. Dafür gab es historische Vorbilder aus anderen langen Strukturzyklen: Auch das Auto war zunächst nur ein Spielzeug der Reichen gewesen, bis man bei dessen Produktion so viel gelernt und das Auto eine Wirtschaftlichkeit erreicht hatte, bei der sich auch die einfachen Leute einen VW-Käfer leisten konnten. Das Beispiel überzeugte die Bevölkerung, auch teure Verfahren zuzulassen, die sich anfangs nur wenige leisten konnten, und zweitens, mehr Verantwortung für die eigene Gesundheit zu übernehmen.

Schlagartig verschwand das Kassendefizit, und die Beiträge zur Krankenkasse samt Arbeitgeberanteil sanken in den einstelligen Bereich. Die Lohnkosten verringerten sich so, dass Deutschland wettbewerbsfähiger wurde, die Beschäftigung nahm in allen Branchen wieder zu. Zwar waren schon vor 2014 die Patienten zunehmend gezwungen worden, für Medikamente und Behandlungen selbst in die Tasche zu greifen. Aber damals hatte man die Patienten einfach zahlen lassen, ihnen Leistungen gekürzt und immer mehr genommen, ohne ihnen auf der anderen Seite auch etwas Zusätzliches zu geben. Jetzt im Jahr 2030 bekommen sie Wissen, Güter und Dienstleistungen zu ihrer Gesunderhaltung, und auch das senkte die Beiträge für die Krankenkassen. Was zuvor für Krankheitsreparatur ausgegeben wurde, steht nun (weil die Leute weniger krank sind) für Nachfrage in anderen Bereichen zur Verfügung – von der besseren Wohnung (ein Impuls für die Bauwirtschaft) bis zur Weiterbildung (und sei es auch nur aus persönlicher Neugier).

Jeder muss mehr Verantwortung für die eigene Gesundheit übernehmen.

Für die Wirtschaftswissenschaft waren diese Zusammenhänge eine Revolution: Hatte sie doch bisher geglaubt, Staatsausgaben, Zinsen, Preise, Geldmenge oder allein die Höhe einer Investition würden über die Konjunktur bestimmen. Ihre Glaubenswelt war etwa so verlaufen: Wenn wir die Beiträge für die Krankenkassen um so und so viel erhöhen – wie wirkt sich das auf das Bruttosozialprodukt aus? Seriöse Wirtschaftsforschungsinstitute hatten dann berechnet, wie die Lohnkosten und Preise steigen würden, weswegen weniger gekauft werden würde und das Volkseinkommen um 0,x Prozent zurückgehen würde. Solche Studien galten bald als ziemlich seltsam. Kommt es doch darauf an, wie die höheren Krankenkassenbeiträge verwendet werden: Wird damit bestehende Krankheit erträglich gemacht – oder die Gesundheit von jemandem erhalten, der dadurch weiter arbeiten kann? Wird damit nur die Verwaltung eines zusätzlichen Verteilungskampfes finanziert – oder den Menschen Spaß an gemächlicher Bewegung vermittelt und so Zivilisationskrankheiten vorgebeugt? Werden damit teurere neue Medikamente bezahlt, die nicht mehr können als ihre billigeren Vorgängerpräparate – oder wird damit eine neue Therapie finanziert, die es einem Menschen wieder ermöglicht, seinen wesentlichen Tätigkeiten nachzugehen?

Deswegen setzte sich in der Wirtschaftspolitik mit 80 Jahren Verspätung die Theorie des 1938 im Stalinismus exekutierten Russen Nikolai Kondratieff durch: Preise und Zinsen – das alles sei nur die Folge der Konjunktur, aber nicht deren Ursache. Nicht die Ausgaben für Computer oder für die Leute, die sie montierten, hatten seit den 1970ern die Wirtschaft angetrieben. Sondern weil ein Unternehmer den Computer einsetzte, sparte er Kosten, machte mehr Gewinn; es lohnte sich für ihn, wieder mehr zu produzieren. Nicht die Ausgaben für Lehrer, die andere in EDV schulen, haben das Bruttosozialprodukt erhöht. Wenn ein Lagerarbeiter nicht mehr zwei Stunden in Zettelkästen nach einer Information suchen muss, sondern wenn er sie mit einem Mausklick erhält, dann hat er zwei Stunden zusätzlich übrig, in denen er etwas anderes arbeiten kann, und diese Mehr-Schöpfung steigert den Wohlstand.

Steigende Effektivität sorgt für mehr Wohlstand.

Das gilt wie bei den heutigen Gesundheitsinnovationen für alle historischen Erfindungen: Nicht die Ausgaben für Eisenschienen und Zugschaffner hatten die Wirtschaft aus der tiefen Krise der 1820er und 1830er geholt und seit den 1840ern einen Boom ausgelöst; wenn ein Unternehmer für eine Geschäftsreise nicht mehr zwei Tage mit dem Pferd, sondern nur noch drei Stunden mit dem Zug unterwegs war, dann hatte er plötzlich eineinhalb Tage übrig, viel mehr als vorher zu schaffen. Nicht die Ausgaben für elektrische Leitungen und Elektriker haben von den 1890ern bis in die 1920er Jahre für mehr Wohlstand gesorgt, sondern die in der Fabrikhalle besser dosierbare elektrische Energie und ihre

Anwendung bei der Herstellung von Stahl oder in der dann aufsteigenden Chemieindustrie. Für die Zusammenhänge des realen Wirtschaftens war die um das Jahr 2014 etablierte Wirtschaftswissenschaft blind, und so wanderten ihre Denkmodelle – und zwar sowohl die angebots- als auch die nachfrageorientierten – samt der dazugehörenden wirtschaftspolitischen Konsequenzen in die Mottenkiste der Theoriegeschichte. Die Leute verstanden: Nicht der zusätzliche Ochsenkarren hatte das Transportproblem der 1830er Jahre gelöst, sondern die völlige technische, soziale und organisatorische Erneuerung des Transportwesens durch die Eisenbahn, die viel mehr Menschen und Güter als bisher zu weit geringeren Kosten transportierte. Und dasselbe stand nun dem Gesundheitswesen bevor.

Auch der neue Gesundheitsmarkt spart eben vor allem Ressourcen ein: Nicht die zusätzlichen Ausgaben für Gentechnik oder Medikamente treiben die Wirtschaft an. Sondern wenn man mit Hilfe der Gentechnik einem Dialysepatienten gezüchtete Nieren transplantieren kann, muss dieser nicht mehr alle zwei Tage an eine Maschine, die sein Blut reinigt. Er kann wieder Vollzeit arbeiten oder Kinder hüten oder der Gesellschaft sonst wie dienen, und er wird viele Jahre länger leben. Nicht die Ausgaben für Gesundheitsaufklärung und Prävention treiben die Wirtschaft, sondern eine wachsende Selbstbeteiligung bringt die meisten dazu, sich mehr zu bewegen und gesundheitsverträglicher zu essen, so dass sie weniger von Zivilisationskrankheiten betroffen sind und dadurch mehr und produktiver arbeiten.

Sehr schnell aufgenommen haben das Thema im Jahr 2014 verschiedene Berufsgruppen und Verbände der Gesundheitspolitik. Endlich kam da mal jemand daher, der nicht schon wieder sagte, dass sie gefälligst noch mehr sparen sollten, sondern dass sie sogar zum Wachstumsmotor der Wirtschaft werden würden. Doch auch sie stellten sich vor, dass sie so wie bisher weitermachen könnten und noch mehr vom Bestehenden leisten würden. Dabei mussten sich alle Akteure und potenziellen Patienten ändern. Als ein Hausarzt auch nicht immer grundsätzlich kostenlos war, entfaltete sich ein Wettbewerb mit alternativen Heilmethoden. Hausärzte vernetzten sich mit Ernährungsberatern, Sporttrainern, Psychologen und Pfarrern und arbeiteten im Team, um den Gesundheitszustand zu optimieren. Krankenhäuser schnitten nicht mehr nur das Magengeschwür heraus, sondern fragten auch nach, wie es dazu gekommen war. Ob die Akteure des Jahres 2014 zu den Opfern oder zu den Gewinnern gehörten, hing vor allem von ihrem eigenen Verhalten ab. Wir waren der Krise nicht ausgeliefert. Wir hatten die Wahl.

Alle Akteure müssen sich ändern.

Kapitel 2

Kondratieffs Globalsicht

Können wir mit Sicherheit etwas über die Zukunft sagen? Das zu behaupten macht – zugegeben – misstrauisch. Manche „Propheten" verlängern nur die heutige Situation in die Zukunft, der Rat der Wirtschafts-Sachverständigen der deutschen Bundesregierungen liegt mit seinen Schätzungen so manches Mal zu 100 Prozent daneben, andere wiederum reden einfach nur ins Blaue hinein. Die Zukunft hat eben noch nicht stattgefunden. Andererseits wäre es ja nicht schlecht, wenn wir schon heute zuverlässig etwas über die Zukunft sagen könnten. Denn dann könnten wir unsere Unternehmen und unsere Gesellschaft schon einmal auf das Kommende einstellen. Also: Sind wir der Zukunft ausgeliefert, rauschen wir einfach so in ein schwarzes Loch hinein, ohne zu wissen, worauf es ankommt? Oder gibt es heute durchaus Anhaltspunkte, an denen wir unsere Arbeit und unser Leben orientieren können?

Ein Blick in die Vergangenheit zeigt: In der Entwicklung der Menschheit gab es immer bestimmte Knappheiten, die sich aufstauten und das Wirtschaftswachstum niedrig hielten. So hatten die englischen Unternehmer des ausgehenden 18. Jahrhunderts einen Mangel an mechanischer Energie. Mit Tierkraft kamen sie einfach nicht mehr hinterher, ihre Bergwerke zu entwässern oder Spinnräder effizienter anzutreiben, um der großen Nachfrage nach Kohle, Erz und Garn gerecht zu werden. Deswegen beknieten sie schließlich den wissenschaftlichen Mitarbeiter der Universität Edinburgh, James Watt, eine Dampfmaschine zu erfinden. Dieser tüftelte zwölf Jahre daran herum, bis sie endlich ausreichend effizient war. Textil- und Eisenindustrie konnten nun viel mehr produzieren, und die ganze Wirtschaft profitierte davon in einem gigantischen Boom.

Das bedeutet: Dinge werden nicht aus Zufall oder Jux und Spielerei (weiter)entwickelt und angewendet – oft wurden dieselben Erfindungen sogar zur selben Zeit mehrmals unabhängig voneinander gemacht. Innovationen entstehen, weil es dafür eine wirtschaftliche Notwendigkeit gibt, schrieb Nikolai Kondratieff 1926. In den 1820ern/30ern wurde Transport zur teuersten

Knappheitsgrenze – deswegen musste dann die Eisenbahn gebaut werden. Auch der Computer wurde nicht deshalb erfunden, weil ein paar Leute gerne mit dem Gameboy spielten, sondern weil die Informationsflut so anschwoll, dass die Firmen eben ein elektronisches Werkzeug brauchten, mit dem sie die Informationen effizienter verwalten konnten. Mit diesem Argument, dass sich an den Knappheiten von heute die Märkte und Strukturen von morgen entwickeln, können wir in die Zukunft schauen. Und auf welche Themen werden wir dann stoßen? Wenn man einen Unternehmer fragt, was denn sein größtes Problem sei, dann antwortet er nicht: „Energie" (außer er produziert Zement). Unternehmer klagen darüber, dass sie nicht die richtigen Leute finden, dass ihre Mitarbeiter nicht kapieren, was sie meinen, oder dass sie schon wieder einen Arbeitsgerichtsprozess zu führen haben. Außerdem jammern sie über die Lohnnebenkosten, und dahinter stecken die Kosten für die Pflegeversicherung, also den Lebens- und Arbeitsstil in den Jahrzehnten vorher; die Kosten für Rente (weil wir im Durchschnitt zu früh in Rente gehen) und für Arbeitslosigkeit (auch oft ein Gesundheitsproblem). Deswegen entsteht die nächste Knappheitsgrenze an mangelnder Gesundheit, und zwar im ganzen, also auch im seelischen und sozialen Sinne, und am Mangel von Sozialverhalten, weil beides zur Grundlage des Wohlstandes in der „Informationsgesellschaft" wird. „Informationsgesellschaft" ist ein häufig gebrauchter Begriff – aber was heißt das eigentlich?

Durch Knappheiten von heute entwickeln sich die Märkte von morgen.

Die Generation der Eltern und Großeltern hat größtenteils in der Fabrik gestanden und geschraubt, gefräst, montiert, hat die materielle Welt direkt mit ihren Händen bearbeitet. Nur ganz wenige haben Information bearbeitet – geplant, organisiert, entwickelt. In der Informationsgesellschaft hat sich das Verhältnis aber umgedreht: Wer heute in eine Produktionshalle kommt, erlebt diese fast menschenleer. Roboter arbeiten allein vor sich hin. Und deswegen gibt es gut vermarktete Buchtitel, die den Menschen glauben machen, uns würde die Arbeit ausgehen. Glauben

Sie das bitte bloß nicht! Im Gegenteil: Wir werden künftig mehr Arbeit haben, als wir überhaupt bewältigen können. Denn Arbeit ist, Probleme zu lösen. Und Probleme werden wir immer haben. Es gibt kein „Ende der Arbeit", sie wandelt sich lediglich: Arbeit ist, mit Informationen umzugehen, zu analysieren, abzuwägen, Lösungen zu suchen. Unser Problem ist, dass wir dabei nicht produktiv genug sind.

Damit unterscheidet sich Kondratieffs Globalsicht grundlegend von anderen Modellen. Preise, Zinsen, Löhne, Staatsausgaben, Geldmenge – diese Themen sind nicht die Ursache für wirtschaftliche Vorgänge, sondern nur die Folge der eigentlichen ökonomischen Entwicklung: Wie sich die Zusammensetzung von Produktionsfaktoren verändert, die ja in Relation zueinander und im Zusammenspiel nicht alle gleichmäßig wachsen. Der Produktionsfaktor, der schließlich immer knapper wird und sich nicht kurzfristig vermehren lässt, der hält die Konjunktur am Boden, birgt aber auch gleichzeitig die Chance für den nächsten Aufschwung. Das heißt: Wir müssen in einigen bestimmten Bereichen des Arbeitens und des Lebens bedeutend produktiver werden, wenn es wieder aufwärts gehen soll.

Die meisten glauben jedoch, wir hätten deswegen so viele Arbeitslose, weil wir so produktiv geworden sind. Stimmt das? Steigt die Arbeitslosigkeit, weil wir so produktiv geworden sind, oder ist es nicht doch vielleicht so, dass wir mit stiller Reserve sechs Millionen Arbeitslose in Deutschland haben, weil wir unsere aktuellen Probleme nicht ausreichend effizient lösen?

Nur hohe Produktivität schafft Vollbeschäftigung.

Gehen Sie für diese Frage doch einmal sechs, sieben Generationen in Ihrer Familiengeschichte zurück. Vor 200 Jahren, zu Beginn der Industrialisierung, waren 80 Prozent der Menschen in der Landwirtschaft beschäftigt. Wenn das so wäre, dass mehr Menschen arbeitslos werden, wenn die Volkswirtschaft produktiver wird, dann wären ja heute 80 Prozent der Menschen, die auf der Straße herumlaufen, arbeitslos. Das Gegenteil ist richtig: Nur weil die Landwirtschaft immer produktiver wurde, wurden die Leute für die Arbeit in der Industrie frei, nur weil die Industrie immer produktiver wurde, konnten immer mehr Menschen Dienstleistungsberufe und jetzt Informationsberufe ergreifen. Nur wenn wir produktiver werden, können wir mehr Probleme bewältigen, haben wir mehr Ressourcen übrig für Bildung und Soziales, schaffen wir mehr. Und neue Arbeitsplätze entstehen nicht dort, wo die Löhne niedrig sind – dann müsste ja in Bangladesch Vollbeschäftigung herrschen –, sondern nur dort, wo sie ausreichend produktiv sind.

Wenn aber nicht monetäre Fragen, sondern die allgemeine Produktivität einer Gesellschaft das eigentliche Problem der Wirtschaft ist, dann stehen wir mit der Informationsgesellschaft vor einer neuen Aufgabe. In der alten Industriegesellschaft wussten wir noch, was Produktivität ist: Man hat eine Maschine um zehn Prozent schneller gemacht und hatte nach einer Stunde zehn Prozent mehr Teile als zuvor gefertigt, die man nun mit mehr Gewinn oder billiger verkaufen konnte. Das prägt bis heute unsere Vorstellung von Produktivität. Aber wissen wir eigentlich, wovon in der Informationsgesellschaft Produktivität abhängt? Und wenn ja – können wir dann etwas darüber sagen, wie wir in Zukunft Informationsarbeit effizienter bewältigen? Und auch da werden wir wieder auf dieselben Themen stoßen wie bei der Suche nach den Knappheitsgrenzen von heute: Sozialverhalten und Gesundheit.

Zu seiner Zeit, Mitte der 1920er Jahre, konnte Kondratieff zumindest die große Weltwirtschaftskrise vorhersagen. Als sie 1929 kam, sah die kommunistische Sowjetregierung darin den von Marx prophezeiten Zusammenbruch des Kapitalismus. Kondratieff widersprach: Das sei nur ein tiefes Tal zwischen zwei langen Strukturzyklen. Dies galt als konterrevolutionär, und auch deshalb wurde er verhaftet und erschossen – Wirtschaftstheorie kann eben durchaus auch lebensgefährlich sein.

Die „inneren Gesetze sozialökonomischer Entwicklung“

Am Anfang seiner Theorie steht für den russischen Ökonomen Nikolai Kondratieff (1892 – 1938) die Frage, warum „die Dynamik des Wirtschaftslebens in der kapitalistischen Gesellschaftsordnung nicht einfachen und linearen, sondern komplexen und zyklischen Charakters“[1] ist, kurz: warum sie so stark schwankt. Denn als er untersuchte, wie sich die Wachstumsraten von Mengen und Preisen von mehreren Gütern in England, Frankreich und den USA seit dem ausgehenden 18. Jahrhundert veränderten, fand er Anfang der 1920er Jahre zweieinhalb etwa 47 bis 60 Jahre lange Konjunkturwellen (siehe Grafik auf der nächsten Seite), darunter im Kohleverbrauch, im Zins, in den Löhnen, den Bankeinlagen oder der Produktion einzelner Industriezweige. Die Zeitreihen aller industrialisierten Länder liefen weitgehend parallel, aber eben nur weitgehend: In den USA erreichte die zweite lange Welle ihren oberen Wendepunkt 1866 kurz nach dem Bürgerkrieg, in Europa erst 1873.[2] Das Datenmaterial war eben nur eine Art Rauch, wusste Kondratieff, aber nicht das Feuer selbst: Die Ursachen der Konjunktur müssten „in den inneren Gesetzmäßigkeiten sozialökonomischer Entwicklungen“[3] gesucht werden.

Seine Kritiker dagegen sahen in den gleichlaufenden Wellen nur äußere Zufälle, Kriege, Revolutionen oder neue Goldfunde. Kondratieff konterte, sie verwechselten Ursache und Wirkung: Nein, nicht Kriege beeinflussen zuerst die lange Konjunktur, sondern weil es in der Zeit von „Hochspannung im Wachstum des Wirtschaftslebens“ zu (ökonomischer) Machtverschiebung

[1] Kondratieff, N.D.: Die langen Wellen der Konjunktur. In: Archiv für Sozialwissenschaft und Sozialpolitik, 56 (1926), S. 573. Neu verlegt und kommentiert von Erik Händeler, Marlon, Moers, 2013.

[2] Kondratieff, Lange Wellen, S. 578.

[3] Kondratieff, N.D.: Die Preisdynamik der industriellen und landwirtschaftlichen Waren (Zum Problem der relativen Dynamik und Konjunktur). In: Archiv für Sozialwissenschaft und Sozialpolitik, 60 (1928), S. 1–85, hier S. 36.

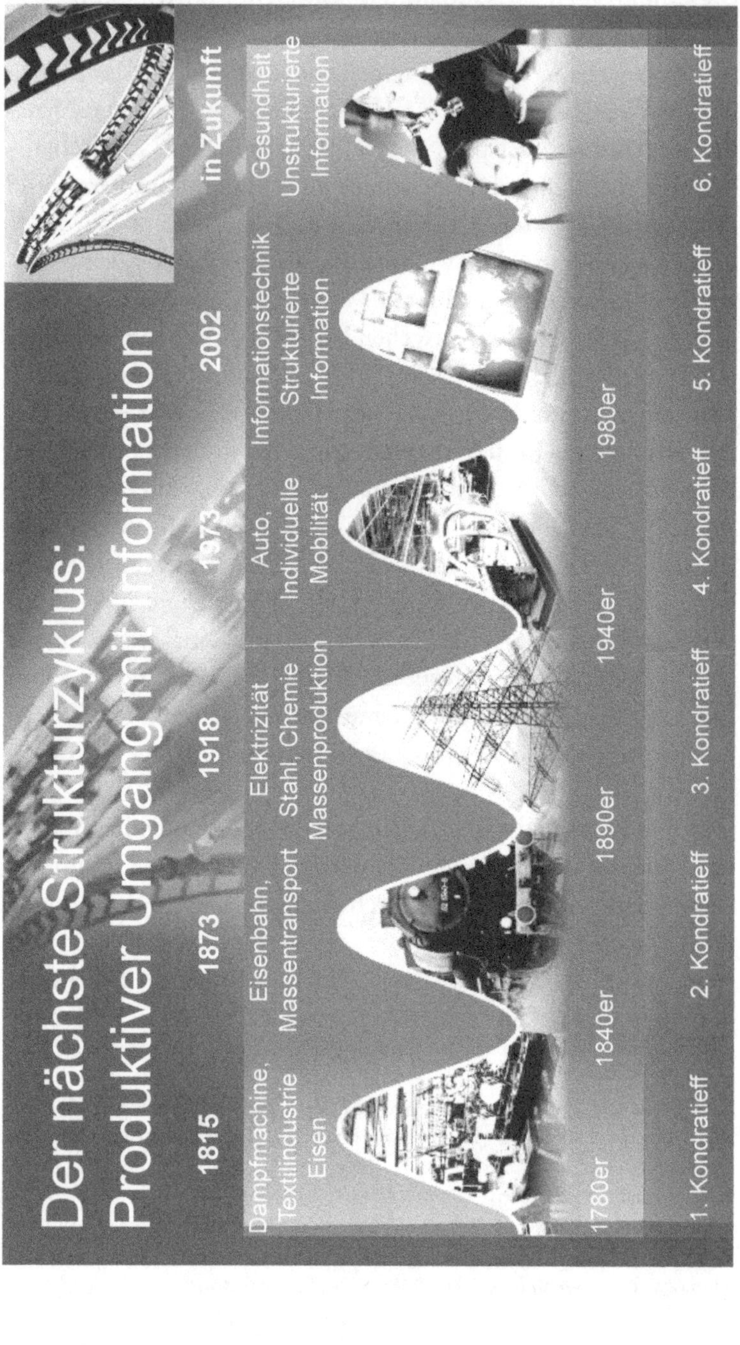
Der nächste Strukturzyklus:
Produktiver Umgang mit Information
1815
1873
1918
1973
2002
in Zukunft
Dampfmachine, Textilindustrie Eisen
Eisenbahn, Massentransport
Elektrizität Stahl, Chemie Massenproduktion
Auto, Individuelle Mobilität
Informationstechnik Strukturierte Information
Gesundheit Unstrukturierte Information
1780er
1840er
1890er
1940er
1980er
1. Kondratieff
2. Kondratieff
3. Kondratieff
4. Kondratieff
5. Kondratieff
6. Kondratieff

kommt, werden Kriege vor allem kurz vor dem Höhepunkt eines langfristigen Aufschwungs (auch um die knapper werdenden Ressourcen) ausgetragen – so wie zum Beispiel die napoleonischen Kriege im ersten Kondratieff, der amerikanische Bürgerkrieg und die europäischen Einigungskriege im zweiten Kondratieff –, sowie der Erste Weltkrieg im dritten Kondratieffzyklus. Auch soziale Erschütterungen, also Revolutionen, entstünden „am leichtesten gerade unter dem Druck neuer wirtschaftlicher Kräfte"[4]: Die Französische Revolution wird im ersten Kondratieffaufschwung von dem aufstrebenden Bürgertum angezettelt, ebenso die bürgerlichen Revolutionen 1848 zu Beginn des Eisenbahnbooms. Die russische Oktoberrevolution findet am Höhepunkt der Elektrifizierung statt, die Studentenunruhen der 1968er während der dynamischsten Ausbreitung des Autos im vierten Kondratieff. Und neue Goldfelder, so Kondratieff, würden keine lange Welle antreiben, sondern umgekehrt verstärke ein boomender Aufschwung die Goldnachfrage, erhöhe den Goldpreis und mache es damit wieder wirtschaftlich, neue Minen zu erschließen – wie im kalifornischen Goldrausch von 1848.

Schwankungen der Goldgewinnung, Kriege und Revolutionen, Integration zusätzlicher Länder in die Weltwirtschaft und Veränderungen der Technik nach mageren Wachstumsjahren seien also nicht von außen zufällig hinzutretende neue Verhältnisse und Ereignisse; sie seien keine Kräfte, von denen erste Bewegungen ausgehen, sondern charakteristische Merkmale des langfristigen Aufschwungs – die aber, wenn sie einmal Wirklichkeit geworden sind, auf Tempo und Richtung der ökonomischen Dynamik einen starken Einfluss ausüben. Von Anfang an bettet Kondratieff seine Theorie in gesamtgesellschaftliche Zusammenhänge ein und schreibt, die lange Welle sei eine Tatsache, „deren Auswirkungen in allen Hauptgebieten des sozialen und ökonomischen Lebens zu finden sind".[5] Das bestätigt der Blick in die

[4] Kondratieff, Lange Wellen, S. 594.

[5] Kondratieff, Lange Wellen, S. 599.

reale Geschichte: Auch der Zeitgeist folgt mehrheitlich den langen Wellen der Konjunktur – in der Kunstgeschichte, in der Religiosität, im Wahlverhalten. Während eines langen Aufschwungs, wenn jeder seinen sicheren Arbeitsplatz hat und vielleicht sogar noch einen besser bezahlten bekommen könnte, sind die Leute auch einmal bereit, ihrem Chef zu widersprechen – wenn der ihnen daraufhin kündigt, hat er ein Problem, wieder eine gute Fachkraft zu finden; und man probiert auch eher etwas völlig Unkonventionelles aus – sollte das nicht klappen, kann man ja wieder leicht in das alte Leben zurück. Deswegen wird die Gesellschaft in einem langen Aufschwung immer linker und liberaler.

Im Abschwung wird die Gesellschaft konservativer.

In einem langen Abschwung dagegen, wenn die gesamte Lebensenergie gerade noch ausreicht, den Lebensunterhalt zu verdienen, dann wird man um Himmels Willen bloß nicht seinem Chef widersprechen, weil man, wenn der einen entlässt, jetzt keinen Job mehr findet. Und man wird es in der Arbeit immer so machen, wie es die Kollegen vor zehn oder 20 Jahren auch schon für richtig befunden haben, um nicht anzuecken. In einem langen Abschwung wird die Gesellschaft immer ängstlicher, rückwärtsgewandter und strukturkonservativer.

Deswegen entstehen Biedermeier, Restauration und Romantik in den Krisenjahren der 1820er und 1830er, als Carl Spitzweg den strickenden Wachtposten auf der Stadtmauer malt und Caspar David Friedrich in seinen Gemälden sehnsuchtsvoll in die Ferne schweift. Der Historismus spiegelt das Lebensgefühl der großen Depression in den 1880ern nach dem Gründerkrach 1873 wider, als man Häuser wie Burgen baut oder starke Persönlichkeiten der Vergangenheit verehrt. Dagegen drückt der Jugendstil das Lebensgefühl der Jugend um die Jahrhundertwende aus, als die Elektrifizierung den Wohlstand innerhalb weniger Jahre vervielfacht (das Gesellschaftsklima wird liberaler; Frank Wedekind schreibt das Theaterstück „Frühlings Erwachen“). Ähnliches erlebt die Jugend in den 1960er Jahren, als die Beatlesmusik ein anderes Lebensgefühl vermittelt – weil das technologische Netz rund um das Auto am dynamischsten wächst. Auch das Zweite Vatikanische Konzil in der Katholischen Kirche findet zu einer Zeit statt, als man mit dem Auto plötzlich seiner Nachbarschaft oder Großfamilie davonfahren kann, wenn die einem nicht passt; man kann sich die Freunde selber aussuchen. Und wenn einem der Pfarrer am Ort zu liberal oder zu konservativ ist, dann besucht man eben den Gottesdienst drei Dörfer weiter. So wird der Individualismus in die Großkirchen getragen und sorgt dort für Spannungen – aber nicht, weil irgendwelche Leute böse sind, sondern weil alle gesellschaftlichen Institutionen in einen sozioökonomischen Hintergrund eingebettet sind.

Auch die Arbeiterbewegung formiert sich im Eisenbahnaufschwung, zerbröckelt nach dem Gründerkrach, bleibt im zweiten Kondratieffabschwung ohne Einfluss und erstarkt im dritten Kondratieffaufschwung: 1912 wird die SPD die stärkste Fraktion im Reichstag. Und während die Arbeitnehmerrechte in den 1920er Jahren schon vor Hitler stark zurückgeschnitten werden, sind die Gewerkschaften in den Aufschwungjahren des Auto-Kondratieffs stark genug, um zweistellige Prozentzahlen an Lohnerhöhungen durchzusetzen.

Sogar in der Geburtenrate spiegeln sich die langen Konjunkturwellen, zumindest in der industrialisierten Ersten Welt. Denn wer sich halbjahresvertragsmäßig durchs Leben hangeln muss, ist nicht so leicht bereit, zu heiraten und eine Familie zu gründen. Wenn es dagegen als selbstverständlich erscheint, dass man immer unter mehreren gut bezahlten Arbeitsstellen wählen kann, dann ist man eher bereit, zu heiraten und drei oder vier Kinder zu bekommen – wie bei den Eltern der geburtenstarken Jahrgänge der 1960er Jahre.

Lange Wellen sind also nicht nur ein ökonomischer, sondern ein gesamtgesellschaftlicher Prozess umfassender Neuorganisation: Die Wirklichkeit ist etwas Ganzes. Es ist undenkbar, dass die technische Entwicklung stehen bleibt, während die Wirtschaft boomt und in Kunst und Politik gleichzeitig eine vorsichtige, kärgliche Lebensweise vorherrscht. Steigender Wohlstand wirkt sich auf das Verhalten aus. Wer sich seines Arbeitsplatzes sicher wähnt, ist eher bereit, einen langfristigen Kredit für das Haus oder das Auto aufzunehmen. Je leichter das Einkommen verdient ist, umso weniger notwendig ist es, sich anzustrengen, und umso leichter ist das Lebensgefühl, das sich in allen Bereichen widerspiegelt.

Der Aufschwung ist ein Prozess gesellschaftlicher Neuorganisation.

Die Ursachen für wirtschaftliche Entwicklung liegen tiefer, schrieb Kondratieff. Revolutionäre neue Techniken tragen zwar letztlich lange Wellen, aber auch sie seien nicht zufällig. Denn zum einen fänden Entdeckungen und Erfindungen in einer Richtung und in einer Intensität statt, die den Anforderungen der praktischen Wirklichkeit entsprächen[6] – schließlich seien dieselben Entdeckungen oft gleichzeitig an verschiedenen Orten unabhängig voneinander gemacht worden (wie schon erwähnt, zum Beispiel später der Computer). Solange zum anderen aber die ökonomischen Vorbedingungen fehlten, reiche es nicht, dass die wissenschaftlichen und technischen Voraussetzungen für eine neue Produktionstechnik vorliegen. Eine Innovation kann sich eben erst auswirken, wenn sie einen größeren Nutzen bietet und für immer mehr Menschen bezahlbar wird. Lange Wellen entspringen daher „dem Wesen der kapitalistischen Wirtschaft", wie Kondratieff es in einem anderen Aufsatz 1928 beschrieb[7]: Das Geld fließt dorthin, wo sich am meisten verdienen lässt, wo die „Produktionskosten in ihrem real-physischen Ausdruck" sinken, weil dort ein neuer „Fonds langfristiger Kapitalgüter" die Produktivität erhöht und für Arbeit und neuen Wohlstand sorgt.

Aber der Reihe nach: Alle Wirtschaftszweige hängen zusammen, jeder ist direkt oder indirekt ein Absatzmarkt für den anderen. Löhne und Gewinne, die in dem einen Sektor erwirtschaftet

---

[6] Kondratieff, Lange Wellen, S. 593.

[7] Kondratieff, N.D.: Die Preisdynamik der industriellen und landwirtschaftlichen Waren (Zum Problem der relativen Dynamik und Konjunktur). In: Archiv für Sozialwissenschaft und Sozialpolitik, 60 (1928), S. 1–85.

werden, werden in anderen wieder ausgegeben. Nun stellt Kondratieff zwar fest, dass die verschiedenen Preisreihen ähnlich schwanken, aber sie steigen in unterschiedlich starken Winkeln an, fallen unterschiedlich stark aus, manche sind zeitlich verschoben. „Das bedeutet, dass es keine völlige Übereinstimmung in der Veränderung der einzelnen Zweige und Elemente der Volkswirtschaft gibt.“[8] Nicht nur die allgemeine Konjunktur, sondern auch Umfang und Preisverhältnis verschiedener Wirtschaftszweige zueinander verändern sich.

Wie viele Güter eine Branche produziert und wie stark sie wächst, hänge davon ab, wie viele Produktionsfaktoren ihr zur Verfügung stünden, was wiederum mit der dort möglichen Rendite zu tun habe. Wenn die Kosten in einer Sparte stärker sänken als in anderen Wirtschaftssektoren, werde sie für Investoren rentabler. Mit dem Ergebnis, „dass (dieser Sektor) eine verhältnismäßig größere Kapitalmenge heranzieht und dass die Produktion in ihm absolut und relativ zunimmt“.[9] Das Kapital werde in diesen Sektor fließen, bis die Profitrate wieder zwischen allen Wirtschaftssektoren ausgeglichen sei. Das zusätzliche Kapital jedoch sorge in diesem einen Sektor für eine höhere Produktion – wie um 1800 in der englischen Textil- und Eisenindustrie. Dies gelte auch für den Handel.

Innovationen senken die Kosten und schaffen mehr „Output“.

Wie rentabel eine Branche aber gerade ist, hängt davon ab, wie sehr sie produktiver wird – denn dann wachsen dementsprechend auch die Gewinne: Durch bessere Produktionsmethoden, Verkehrsmittel und Organisationsabläufe. Die ständig steigende Arbeitsproduktivität – „ein weltweiter Prozess“ – sei der wichtigste Faktor, den realen Produktions- und Transportaufwand zu verringern und die Strukturen zu verändern: Ein Unternehmen, das eine Innovation durchsetzt, zwingt die übrigen, sich anzupassen – nicht nur die konkurrieren-

[8] Kondratieff, Preisdynamik, S. 7.
[9] Kondratieff, Preisdynamik, S. 8.

den Unternehmen, sondern auch die Umgebung, etwa durch den Zuzug von Arbeitern, auf deren Bedürfnisse sich andere Wirtschaftszweige einstellen. Mit den Innovationen schafft dieselbe Arbeit mehr Output und senkt die Kosten bei der in- und ausländischen Konkurrenz. Dies drückt sich schließlich auch aus in sinkenden Geldpreisen für die Güter.

Nun wächst die Produktivität aber nicht gleichmäßig, sondern dynamisch, also – nach einer schwachen Pionierzeit – zunächst in zunehmendem Tempo. Und irgendwann ist Schluss, die größtmögliche Ausdehnung des technologischen Netzes ist fast erreicht: Die Produktivität stagniert, die Unternehmer konkurrieren sich gegenseitig die Gewinne weg und haben immer weniger Spielraum. Der Grund: Produktionsfaktoren, sagt Kondratieff, sind zwar langfristig vermehrbar, kurzfristig aber begrenzt, besonders „Realkapital". Damit meint Kondratieff nicht „die Produktionskosten in ihrem Geldausdruck", sondern „die Produktionskosten in ihrem real-physischen Ausdruck",[10] kurz: die Realkostengrenze, die dem weiteren Wachstum das Atmen abschnürt. Anschauliches Beispiel dafür ist der Mangel an Transportmöglichkeiten in den 1820ern, den wir nicht dadurch behoben haben, indem wir den bestehenden Ochsenkarren noch weitere hinzugefügt haben, sondern durch die völlige Reorganisation des Transportwesens – den Bau der Eisenbahn (später von Schumpeter „Basisinnovation" genannt, die das Problem durch höhere Qualität löst).

Aber diese „Güter langfristiger Brauchbarkeit"[11] entstehen nicht von heute auf morgen. Denn um sie zu produzieren, benötigt die Gesellschaft längere Zeitperioden, die über den Rahmen der gewöhnlichen kommerziellen und industriellen Zyklen hinausragen: Bis eine Technik ausgereift ist, bis die breite Öffentlichkeit davon überzeugt wurde, bis endlich ausreichend in die Infrastruktur investiert wird und allmählich genug ausgebildete Fach-

[10] Kondratieff, Preisdynamik, S. 20.
[11] Kondratieff, Preisdynamik, S. 36.

leute in der neuen Basistechnologie zur Verfügung stehen, dauert es Jahrzehnte. Der Computer ist nicht mal eben erfunden und flächendeckend eingeführt; Verhaltensänderungen brauchen eine Generation. Wenn so ein technologisches Netz dann aber etabliert ist, kommt es zu Anschlussinnovationen, welche die Konjunktur noch weiter anheizen. Das ist der Grund, warum die von Kondratieff beschriebenen Zyklen, die ja auch von vielen kurzfristigen Konjunkturbewegungen überlagert werden, 40 bis 60 Jahre lang dauern.

Das Tempo und das Volumen, mit denen das neue technologische Netz die Gesellschaft durchdringt, einzelne Branchen produktiver macht und somit Einkommen schafft, das auch in anderen Branchen das Wirtschaftswachstum anregt, bestimmen den Verlauf der langen Wellen. Sie entstehen also durch Investition in eine Infrastruktur rund um einen neuen „Fonds langlebiger Kapitalgüter“. Dieser wächst nicht stetig und nicht gleichmäßig, stellt Kondratieff fest – das ist ein wesentlicher Grund, weswegen die Konjunktur schwankt und selbst in der Zeit des explosivsten Wachstums auch mal schwächelt (wie im Eisenbahn-Aufschwung 1844, bei der Elektrifizierung 1904, beim Computer 1987 und 1993).

Diese Art von Investitionsgütern zu erzeugen, erfordere „einen ungeheuren Aufwand an Kapital“ auf sehr lange Sicht – man denke an die großen Geldmengen, die für den flächendeckenden Bau der Eisenbahn aufgewendet werden mussten. Deswegen benötige die lange Welle im Aufschwung ausreichend viel und ausreichend billiges Leihkapital und ein niedriges Preisniveau, um langfristige Kapitalanlagen anzuregen. Die langen Krisenzeiten mit beinahe Null-Zinsen und minimalsten Gewinnen haben daher auch etwas Gutes: Nur unter diesem Druck rafft sich die Gesellschaft auf, ihre Strukturen zu ändern. In dieser Situation, so Kondratieff, werde „früher oder später“ immer stärker in die neuen, grundlegenden Kapitalgüter investiert, daraus erwachse eine lang ansteigende Konjunkturwelle. In deren Ver-

Nur unter Druck ändern sich gesellschaftliche Strukturen.

lauf werde Kapital immer knapper und teurer. Diese Tendenz verschärfe sich, wenn innen- oder außenpolitische Konflikte ausbrechen, Ressourcen unproduktiv verbraucht und Wirtschaftspotenzial zerstört wird. All dies zusammen bringt die Welle zum Stillstand und schaltet den Rückwärtsgang ein: Mangels rentabler Investitionsmöglichkeit sinken die Zinsen, das Produktions- und Handelstempo verlangsamt sich, die Preise fallen. In der folgenden Zeit der wirtschaftlichen Stagnation würden außenpolitische und innersoziale Beziehungen befriedet. Gleichzeitig steige die Spartätigkeit, würden wieder die Voraussetzungen für einen neuen langfristigen Anstieg geschaffen.[12]

Warum Nikolai Kondratieff umgebracht wurde

Im Gegensatz zu seinen marxistischen Kritikern wie Leo Trotzki oder Eugen Varga nahm Kondratieff daher nicht an, dass der wirtschaftliche Abschwung nach dem Ersten Weltkrieg die „Periode des allgemeinen Verfalls und des Untergangs des Kapitalismus" eingeleitet habe, sondern die Folge einer zu Ende gehenden langen Welle der Konjunktur war. Dafür sollte er mit seinem Leben bezahlen. Denn für Stalin war ein Konzept, nach dem im Kapitalismus auf eine Depression Prosperität folgen könnte, von vornherein konterrevolutionär. Den Marxisten galt der Imperialismus als die höchste Stufe des Kapitalismus, bevor er zusammenbricht und die Gesellschaft in den Sozialismus und Kommunismus übergeht. Schade um die schöne Karriere, die so vielversprechend begonnen hatte. Vielleicht wären der Welt viele wirtschaftspolitische Fehler erspart geblieben, hätte Nikolai Kondratieff die Stalinzeit überlebt.

Er wird am 17. März 1892[13] in dem Dorf Galuevskaja der

---

[12] Kondratieff, Preisdynamik, S. 38.

[13] Der 4. März nach dem gregorianischen Kalender ist der 21. Februar im julianischen Kalender – so die Geburtsangaben bisher im Westen. Die englischen Gesamtausgabe „The Works of Nikolai D. Kondratiev" gibt jedoch den 17. März als Geburtstag an.

zentralrussischen Provinz Kostroma, etwa 320 Kilometer nordöstlich von Moskau, als Sohn von Bauern und Handwerkern geboren. Nach der Grundschule fehlt das Geld für höhere Bildung – so liest er sich den Stoff selber an und besteht 1911 die Abiturprüfung, ohne jemals im Unterricht gesessen zu haben. Noch als Teenager engagiert er sich für Demokratie und die sozialistische Partei, wird von der Polizei des Zarenreiches 1905 und 1906 festgenommen. Als Student an der juristischen Fakultät der Universität St. Petersburg unterrichtet er nebenher Arbeiter, um sie auch politisch zu emanzipieren. Als das Fürstenhaus der Romanows 1913 seine 300jährige Thronbesteigung feiert, demonstriert er gegen die Monarchie – und wird wieder verhaftet.

Nach dem 1915 erfolgreich abgeschlossenen Studium arbeitet Kondratieff in der Verwaltung in einem Petersburger Distrikt. Als 25-Jähriger beteiligt er sich an der Februarrevolution 1917, die den Zaren absetzt, analysiert in Artikeln die Nahrungsmittelsituation, wird zum Mitglied der Verfassungsgebenden Versammlung gewählt und dient der Regierung Kerenski als Vize-Ernährungsminister. In der Oktoberrevolution wird diese von den Bolschewiken gewaltsam aufgelöst – wieder landet Kondratieff für kurze Zeit im Gefängnis. Danach geht er nach Moskau und gründet dort 1920 sein Konjunkturinstitut, wo er den Fünfjahresplan für die Landwirtschaft ausarbeitet.

Er plädiert für Marktstrukturen und dafür, die Landwirtschaft erst später zu kollektivieren, wenn ausreichend Kapital für Maschinen vorhanden sein wird. Bis dahin müsse es der Staat dem einzelnen Bauern erlauben, für seinen eigenen wirtschaftlichen Vorteil zu arbeiten. Obwohl seine Ideen im Zentralkomitee der Partei zunehmend auf Ablehnung stoßen, äußert er weiterhin Kritik am Kurs der Regierung. Schon 1928, als die eher marktwirtschaftlich orientierte „Neue ökonomische Politik“ (NEP) Lenins wieder durch Planwirtschaft ersetzt wird, muss Kondratieff seinen Posten als Direktor des Moskauer Konjunkturinstitutes räumen, das Institut wird geschlossen.

Doch er bleibt für die Kommunisten ein Konkurrent um die

Interpretation von Wirklichkeit. Das ist wohl der Hauptgrund dafür, dass er 1930 festgenommen und in Suzdal, 180 Kilometer östlich von Moskau, in Einzelhaft kommt. Dort verfällt seine Gesundheit, und er verzweifelt auch als Wissenschaftler daran, dass sein Werk verloren scheint, das so einen völlig neuen, umfassenderen Blick auf Wirtschaft wirft. „All die neuen und möglicherweise objektiv nicht uninteressanten Gedanken, die ich hatte und die mir aufgingen, werden Stück für Stück dem Grab übergeben", schreibt Kondratieff in einem Brief am 28. März 1934 an seine Frau Evgeniya. „Die Haft hat meine wissenschaftliche Arbeit beendet, und – was noch schwerer wiegt – hat sie zur entscheidensten und – subjektiv – interessantesten Zeit beendet; die Jahre vergehen und meine wissenschaftlichen Pläne zerrinnen und werden zerstreut wie Sand." (26. Mai 1932) Die Bücher, die er noch schreiben, die Theorien, die er noch entwickeln wollte – aus und vorbei. Abgeschottet vom internationalen Wissenschaftsbetrieb, in den er gerade erst so gut eingebettet war, und stickiger Eintönigkeit ausgeliefert, verfällt er intellektuell und körperlich. In der Stille wird er fast taub, verliert zunehmend sein Augenlicht, Schlaflosigkeit und Kopfschmerzen plagen ihn. „Man sollte nie auch nur für einen Augenblick vergessen, dass die Lebenszeiten unserer Generation … apokalyptische Zeiten sind." (28. Februar 1934) Nach acht Jahren Haft verurteilen ihn die Kommunisten am 17. September 1938 zum Tod, er wird noch am selben Tag erschossen.

Was von Kondratieff im Westen bekannt wurde, sind nur Übersetzungen unvollständiger Teilversionen der Originaltexte, während sein umfangreiches Gesamtwerk[14] seit sechs Jahrzehnten unbeachtet bleibt. Deswegen wurden Kondratieffwellen seitdem von Autoren diskutiert, welche die wichtigsten Aspekte von Kondratieffs Texten gar nicht kannten.

Später nannte die „Große sowjetische Enzyklopädie" die

14 „The Works of Nikolai D. Kondratiev", zwei Bände, herausgegeben von Warren J. Samuels, Natalia Makasheva und Vincent Barnett, London 1998, Pickering&Chatto; über 650 Seiten, ziemlich teuer, so etwa 600 Euro.

Theorie der langen Wellen eine „gewöhnliche bourgeoise Theorie über Krisen und Wirtschaftszyklen“: „Das Konzept der langen Wellen widerspricht der grundlegenden marxistischen These über die Unvermeidbarkeit von Wirtschaftskrisen im Kapitalismus und sie verschweigt die unlösbaren Widersprüche der kapitalistischen Gesellschaft“.[15] Rund eine Kondratieffwelle nach seinem Tod, im Oktober 1987, ließ die Sowjetunion unter Gorbatschow schließlich den Wirtschaftsforscher öffentlich rehabilitieren. Wahrscheinlich wäre er im Westen längst vergessen, hätte nicht der Ökonom Joseph Schumpeter 1936 die langen Zyklen nach Kondratieff benannt.[16] Auch Schumpeter schaute sich die Wirklichkeit nicht durch makroökonomische Statistiken an. Wichtiger als der von Wirtschaftswissenschaftlern diskutierte Preiswettbewerb sei die Konkurrenz in Qualität und Produktionsverfahren.

Fast nie, schreibt Schumpeter, seien Veränderungen in der Produktion oder bei Waren von den Verbrauchern erzwungen worden, etwa weil sie ihren Geschmack und ihre Bedürfnisse geändert hätten. Innovationen fänden statt, weil es schöpferische und dynamische Unternehmer gebe, und damit meint er nicht die bloß verwaltenden „Wirte“ etablierter, eingefahrener Branchen, sondern innovative Persönlichkeiten. Diese „Unternehmer“ im echten Sinne des Wortes konkurrieren die weniger innovativen Firmen nieder. Veränderungen haben ihre Auslöser somit auf der Produktionsseite. Zwar lobte Schumpeter die mathematischen Methoden, die Leon Walras in der Ökonomie durchgesetzt hatte, wegen ihres „silberklaren Gedankenganges“. Doch sie seien nur ein Knochengerüst, eine Grundlage für die wirtschaftliche Analyse. Ursachen für Wachstum und Konjunkturschwankungen erfassten sie nicht.

Obwohl Schumpeter damit Anerkennung fand, verlor er den Wettbewerb mit dem gleichaltrigen Keynes. Als dieser 1936 seine

[15] Zitiert bei Brian Berry, S. 37.

[16] Schumpeter, Joseph A.: Business Cycles. New York 1939. Deutsche Übersetzung: Konjunkturzyklen. Zwei Bände. Göttingen 1961.

„General Theory" veröffentlichte, begegnete Schumpeter dessen Konzept der Nachfragesteuerung mit der Geschichte des französischen Königs Ludwig XV., der seine Mätresse Madame Pompadour bat, so viel Geld wie möglich auszugeben, um die effektive Nachfrage zu erhöhen und eine Depression zu vermeiden. Der Spott half nicht gegen die vielversprechende, gleichwohl unwahre Botschaft der Keynesianer: Diese behaupteten, sie hätten lange Konjunkturwellen abgeschafft, schließlich ließe sich Konjunktur mit Nachfragepolitik und Geldmenge so technokratisch „gestalten", wie man ein Auto baut. Kondratieffs Theorie – grundlegender als alle anderen – verschwand so mit dem Sieg des Keynesianismus. Recht hat eben, wer erfolgreich erscheint. In Wirklichkeit taugte der Keynesianismus nur so lange, wie sich der Auto-Zyklus im Aufschwung befand.

Monetäre Maßnahmen können ein neues technologisches Netz lediglich beschleunigen oder bremsen, aber sie können keinen neuen Zyklus anstoßen.

Nach Keynes lässt sich die Konjunktur mit der Geldmenge gestalten.

Auch der Mainstream der neoklassischen Synthese (aus klassischem und keynesianischem Gedankengut) eliminierte die meisten Alternativen und verbreitete den Glauben, die Wirtschaft könnte exponentiell und unbegrenzt weiterwachsen, wenn man nur ausreichend schlaue Ökonometriker habe. Kondratieffzyklen oder Wechsel von Strukturen galten damit als esoterisch angehaucht und ziemlicher Unsinn. Als nach dem Ölschock 1974 die Kondratiefftheorie wieder als Erklärungsmodell interessant erschien, zog eine Vielzahl junger Doktoranden (sie sitzen heute auf Lehrstühlen oder beraten Politiker) enthusiastisch aus, die Theorie der langen Wellen nachzuweisen. Sie mussten enttäuscht feststellen, dass eine lange Welle, die sinusförmig durch die Weltgeschichte gleitet, so nirgends zu sehen ist. So wurde aus der Kondratiefftheorie, die ja niemand mehr im Original gelesen hatte, ein nettes Denkmodell am Rande, von dem sich die meisten Wissenschaftler distanzierten, ähnlich dem Ungeheuer von Loch Ness: Man rede darüber, aber sie sei nicht zu beweisen. Das liegt daran, dass man lange Wellen dort gesucht hat, wo sie kaum zu finden sind: Mit komplizierten mathematischen Verfahren versuchte man, sie in makroökonomischen Zahlenreihen von Preisen, Zinsen oder Sozialprodukt zu finden, was nicht durchgehend gelang.

Doch diese Verfahren sind letztlich eine Überspitzung der derzeitigen, auf die mathematische Schmalspur reduzierten Ökonomie. Sie sind so aufwändig und nutzbringend wie das Auswendiglernen des Telefonbuches: Wenn die Baubranche in einem Jahr 30 Milliarden Euro weniger umsetzt, das Gesundheitswesen aber 30 Milliarden Euro mehr – am Bruttosozialprodukt ist das nicht abzulesen. Vor einigen Jahren mag ein PC 4/86 noch 3000 Mark gekostet haben, heute gibt es den Pentium XY im Lebensmitteldiscounter für 500 Euro. Die etablierte Makroökonomie ist hervorragend in der Lage, Modelle einer Volkswirtschaft realitätsnah zu beschreiben, in der man einen VW-Käfer jahrzehntelang ohne große Veränderungen zusammenschraubt. Doch strukturelle und qualitative Variablen für die heutige mehrdimensionale, dynamische Entwicklung in der Zeit fehlen. Eine Wirtschaftswissenschaft, welche die Welt vornehmlich aus der Perspektive makroökonomischer Gießkannenvariablen betrachtet, wird für Politiker auch nur Rezepte entwickeln, die allein auf der Makroebene ansetzen – und dort verpuffen. Der Wirklichkeit näher kommt der Blick der Kondratiefftheorie auf die Innovationsebene – auf die realen Trends in Gesellschaft und Wirtschaft, mit ihrer Produktivitätsentwicklung und Verschiebung der Kostengrenzen.

Der Innovationsforscher Christopher Freeman,[17] Sussex, erhielt internationale Anerkennung, als er sich von der Suche nach langen Wellen in Zahlenreihen verabschiedete – diese seien über einen längeren Zeitraum nicht vergleichbar: Von der großen Arbeitslosigkeit am Ende langer Wellen wie etwa in den 1830ern sei im britischem Sozialprodukt nichts herauszulesen, während das

[17] Wirtschaftswoche Nr. 25 / 17.6.1988. Und: Freeman, Christopher: Die Computerrevolution in den langen Zyklen der ökonomischen Entwicklung. Broschüre zum Mentorenabend der Carl Friedrich von Siemens Stiftung am 8.11.1984.

Massenelend dieser Zeit literarisch anschaulich überliefert ist. Freeman knüpfte an Schumpeter und das Konzept der Basisinnovation an. Damals, Anfang der 80er Jahre, warf er den westlichen Industrieländern vor, die wahre Natur der Herausforderungen nicht zu erkennen: Mit der Informationstechnik würde es außergewöhnlich billig, Informationen zu speichern, zu verarbeiten und zu übertragen. Dies äußere sich nicht nur in neuen Maschinen, sondern in einem völlig neuen technisch-ökonomischen Paradigma.

Damit war Kondratieffs verschütteter Ansatz von der sozioökonomischen Wirklichkeit wieder ausgegraben, den vor allem Carlota Perez, Caracas, ins Heute übersetzte[18]: Lange Zyklen sind ein gesamtgesellschaftlicher Vorgang. Nun ist die Wirklichkeit zwar etwas Ganzes, doch ihre Subsysteme verändern sich mit unterschiedlichen Geschwindigkeiten. Die neue, problemlösende Technik ist schneller entwickelt, als sich die Strukturen der Gesellschaft darauf einstellen: Dieser „Mismatch", die Disharmonie zwischen dem technisch-ökonomischen und dem sozio-institutionellen System, verursacht demnach den Produktivitätsstau, der das Wirtschaftswachstum lange Jahre tief hält, bis sich ein gesellschaftlicher Konsens darüber herausgebildet hat, wohin die Reise gehen soll.

Auch das hat Kondratieff mit anderen Worten schon beschrieben: Lange Zyklen lassen sich nicht über historische Datenreihen umfassend messen, sondern auf der Innovationsebene. Die Basisinnovation, die den Produktivitätsfortschritt und damit die Wirtschaft trägt und die Strukturen der Gesellschaft auf den Kopf stellt, lässt sich am Markt verfolgen. Sie entwickelt sich über die Jahrzehnte dynamisch, wie wir es von den gewöhnlichen Produktlebenszyklen kennen. Auch ihr Lebenszyklus nimmt mit Markteinführung, starkem, dann langsamerem Wachstum und Sättigung die Form einer lang gezogenen S-Kurve an. Wenn sich

---

18 Perez, Carlota: Structural change and assimilation of new technologies in the economic and social systems. In: Futures October 1983, S. 357 – 375.

eine Gesellschaft entschieden hat, eine neue Technik oder ein neues Produkt zu nutzen, erschließt sich der Markt entlang der S-förmigen Kurve der Basisinnovation. Immer dann, wenn sich die Wachstumsraten abschwächen, beginnen die Krisenjahre. Das lässt sich in der Wirtschaftsgeschichte detailliert nachvollziehen. Und es hilft, die Wirtschaftslage zu analysieren und zu gestalten.

Seit dem Sieg der „wissenschaftlicheren Wirtschaftsgeschichte“ und den mathematischen Ökonometrikern sind Historiker und Wirtschaftswissenschaftler voneinander geschieden. Geschichte war bisher die Geschichte von Königen, Staatsmännern, Generälen und Institutionen; sie ist immer noch zu wenig die Geschichte von den kleinen Leuten, ihren Lebensumständen und Arbeitsbedingungen, den technischen Veränderungen, die mutige Unternehmer umsetzten, und wie das die Welt veränderte. Mit der Kondratiefftheorie haben beide die Chance, sich wieder zu vereinigen und so der Gesellschaft Nutzen zu stiften, denn sie erleuchten sich gegenseitig: Kein Schüler sollte den Geschichtsunterricht, kein Historiker sollte die Universität verlassen, ohne grundlegende wirtschaftliche Zusammenhänge verstanden zu haben; vor allem aber sollte künftig kein Ökonom mehr ohne vertiefte historische Kenntnisse wirtschaftliche Entwicklungen darstellen und kommentieren.

Ökonomen sollten die Wirtschaftsgeschichte kennen.

Kapitel 3

Geschichte in langen Wellen

Schwere Krisen hat es immer gegeben: wenn die Wirtschaft nicht mehr wächst, weil eine bestimmte Infrastruktur fertig gestellt ist. Der Blick zurück lässt uns die Gegenwart besser verstehen und eröffnet den Weg in eine wieder florierende Konjunktur.

Auch schon vor der Dampfmaschine entwickelte sich die Gesellschaft in langen Strukturzyklen, jedoch in viel größeren Zeiträumen. Zum Beispiel, als sich um das Jahr 1000 bessere Anbaumethoden in der Landwirtschaft durchsetzen: Anstatt die Hälfte der Felder brachliegen zu lassen, damit sie sich regenerieren, baut man damals abwechselnd Früchte an, die dem Boden unterschiedliche Nährstoffe entziehen – auf diese Weise werfen zwei von drei Feldern jedes Jahr Ernten ab; statt den Ochsen mit einem Lederriemen vor den Pflug zu spannen, der ihm ins Fleisch schneidet, kann das Zugtier mit einem Joch aus Holz auf den Schultern fünfmal so viel Lasten ziehen – die Ackerfurchen werden tiefer, die Ernten fallen höher aus. Dadurch steigt nicht nur die Bevölkerungszahl, es gibt auch Überschüsse zum Tauschen. Märkte werden von Zeit zu Zeit an Verkehrsknotenpunkten abgehalten, um die dann die mittelalterlichen Städte entstehen. Das geht so lange gut, bis das ehedem neue Agrarsystem seine maximale Ausdehnung erreicht hat und die weiter steigende Bevölkerung nicht mehr wie bisher ernähren kann. Die geschwächten Menschen sind anfällig für die Pest, die ab 1347 in mehreren Wellen große Opfer fordert. Die tiefe Wirtschaftskrise dauert mehr als 100 Jahre.

Für Kondratieff sind es diese historisch grundlegenden Erfindungen, die die Wirtschaft auf ein neues Wohlstandsniveau tragen – wie zum Beispiel die Dampfmaschine, die nicht aus Spaß, sondern aus einer ökonomischen Notwendigkeit heraus entwickelt wird: Aus dem aktuell größten Mangel heraus, dem Mangel an mechanischer Energie. Als sie dann Spinnräder antreibt, sind diese 200-mal so produktiv wie das Hand-Spinnrad. Viel mehr Textilien können zu weit geringeren Preisen produziert werden, viel mehr Menschen sich Kleidung leisten. Dazu ist eine neue Infrastruktur nötig: Dampfmaschinen brauchen Kohle, mehr Erz muss gefördert und auf Kanälen transportiert werden. Die Arbeiter werden zu einer relevanten Schicht der Gesellschaft. Wegen einer Erfindung gibt es so viele neue Anwendungen, dass die ganze Wirtschaft über 20, 30 Jahre wächst – bis es wieder einen limitierenden Faktor gibt.

Wenn Sie fünf linke Schuhe haben und sieben rechte, wie viel Paar Schuhe haben Sie dann? Nicht sechs, sondern immer noch nur fünf Paar, weil Sie die linken Schuhe nicht kurzfristig vermehren können. Ebenso verhält es sich mit Produktionsfaktoren, die nicht alle gleichmäßig mit der Wirtschaft wachsen. Irgendwann wird einer im Verhältnis so teuer, dass sich weitere Expansion für die Unternehmer nicht mehr lohnt, und das ist nach der ersten Kondratieffwelle der Transport von Erz, Kohle und Industriewaren. Die Produktivität stagniert, auch weil sich das bisher dynamisch wachsende technologische Netz weitgehend ausgebreitet hat. Die Unternehmer machen keine Gewinne mehr und haben daher auch keinen Grund, weiter zu investieren und Arbeiter zu beschäftigen. Es folgt eine lange und tiefe Wirtschaftskrise. Die hohe Arbeitslosigkeit von damals ist zwar nicht statistisch gemessen worden, aber die Romane dieser Zeit haben sie uns überliefert, etwa von Victor Hugo („Les Miserables") oder Charles Dickens („Oliver Twist").

Die Eisenbahn sorgte im 19. Jahrhundert für Wachstum.

Erst als seit den 1840ern die Eisenbahnen im großen Stil gebaut werden, kann die Wirtschaft wieder wachsen. Denn die Transportkosten sinken, Handel und Produktion werden auf weite Räume ausgedehnt, jetzt lohnen sich größere Stückzahlen. Eisenbahnen werden also nicht deshalb gebaut, weil die Leute keine Lust mehr haben, mit der Kutsche zu fahren. Sondern weil es Unternehmer gibt, die im Wettbewerb stehen und ihre Kosten senken müssen, und im Bau der Eisenbahnen liegen eben zu dieser Zeit die größten Produktivitätsreserven. Menschen möchten ihr Verhalten aber nicht ändern, und deswegen behindern sie am Anfang jedes Mal die für einen neuen Kondratieffzyklus nötigen Strukturen.

Fürsten wollen nicht, dass Eisenbahnen ihre Ländergrenzen überschreiten – sie fürchten, Macht zu verlieren; die medizinischen Fachleute prognostizieren Gehirnkrankheiten allein schon vom Zuschauen der fahrenden Bahn ab 30 Stundenkilometer; Prediger wettern, wenn Gott gewollt hätte, dass der Mensch sich auf Rädern fortbewege, dann hätte er ihm auch welche gegeben. Bis irgendwann der ökonomische Druck so stark ist, dass sich die Unternehmer vor Ort zusammensetzen und sagen: Jetzt lasst uns mal unser letztes Geld zusammenschmeißen, die Ärmel hochkrempeln und eine Eisenbahn in die nächste größere Stadt bauen. So kommen die nötigen Veränderungen in der Regel nicht von oben oder aus der Kunst oder den Universitäten, sondern aus der Wirtschaft. In der Revolution von 1848 setzen sich die Unternehmer für Presse- und Versammlungsfreiheit ein, um bei den Investitionsentscheidungen des ineffizienten Fürstenstaates endlich mitreden zu können. Die Revolution scheitert zwar – die Bürger bekommen Angst vor den Arbeitern und gehen wieder brav nach Hause –, dafür garantieren die deutschen Monarchen jetzt endlich freies Wirtschaften, die Eisenbahnen können gebaut werden.

Die Wirtschaft legt ein atemberaubendes Tempo vor – über ein Vierteljahrhundert hinweg. Bis der zusätzliche Nutzen eines weiteren Eisenbahnkilometers wieder geringer wird. Seit man zu Beginn dieses Kondratieffs die großen Städte mit ländlichen Regionen verbunden hat, kann man jeden Tag frische Lebensmittel in die Metropolen liefern – was erst jetzt große Industriebetriebe ermöglicht, deren Arbeiterheere vorher nicht so leicht zu ernähren waren. Irgendwann aber baut man nur noch Nebenlinien, die nicht mehr so wirtschaftlich sind. Die Produktivität stagniert erneut, in Deutschland nach dem Gründerkrach von 1873. Wieder erleidet die Welt eine jahrzehntelange Wirtschaftskrise, die die damaligen Zeitgenossen als die „tiefe Depression“ empfinden.

Erst als der nächste Flaschenhals überwunden wird, mit Hilfe des elektrischen Stroms Güter in Masse herzustellen, kann die Wirtschaft wieder wachsen. Was für eine Revolution: Nicht mehr von einer heißen, fauchenden Dampfmaschine hängt die Produktion ab, sondern auf einmal kann man Energie dosieren und lautlos an den Ort in der Fabrikhalle transportieren, an dem man sie gerade braucht. Massenproduktion wird möglich, mit Hilfe elektrischen Stroms lässt sich Stahl besser herstellen. Damit kann man Hochhäuser bauen und viel größere Stahlschiffe, mit denen der Welthandel in Schwung kommt. Die Chemieindustrie kann erst jetzt so richtig loslegen. Die Wirtschaft boomt seit den 1890ern bis in den Ersten Weltkrieg hinein; der Krieg beschleunigt die Elektrifizierung. Doch Anfang der 1920er Jahre sind die meisten Fabriken in Europa und in den USA elektrifiziert, Ende der 20er Jahre sind fast alle Haushalte an das elektrische Netz angeschlossen. Deswegen stagniert die Produktivität, begleitet von den üblichen Symptomen: niedrige Zinsen, Verteilungskämpfe, Handelskriege, fallende Preise, Löhne und Gewinne. Die Weltwirtschaftskrise hat also ursächlich nichts mit dem Ersten Weltkrieg zu tun – dann hätte es ja nach dem Zweiten Weltkrieg auch bergab gehen müssen. Das Elend kommt, weil die Investitionen der Elektrifizierung weitgehend abgeschlossen sind.

Die Krise dauert in verschiedenen Ländern unterschiedlich lang, in manchen, wie Frankreich und den USA, bis zum Zweiten Weltkrieg. Dann ziehen die Innovationen rund um die individuelle Mobilität die Konjunktur wieder hoch – Verbrennungsmotor und Fließband zusammen mit der Fähigkeit, Erdölenergie jetzt in großen Mengen billig zu raffinieren. Das deutsche „Wirtschaftswunder" findet nicht wirklich wegen Ludwig Erhard, dem Marshallplan und den tüchtigen Deutschen statt, sondern weil sie schon während des Dritten Reichs (aus militärischen Gründen) so stark in die neue Infrastruktur investiert haben: In die Autobahn. Später bauen Kriegsgefangene weiter Straßen, Soldaten machen den Führerschein. Die gesamte Volkswirtschaft investiert so viel in Panzer- und VW-Kübelwagenfabriken, dass dieses technologische Netz nach dem Krieg ausreichend effizient und wirtschaftlich ist, um sich auszubreiten und die Konjunktur anzukurbeln (übrigens überall in der Welt, auch in Ländern, die am Krieg gar nicht teilgenommen haben). Wieder verbilligen sich Transportkosten, lassen sich viel mehr Güter als vorher absetzen – zum Beispiel im Einkaufscenter an der Ausfallstraße. Der Mensch wird noch einmal von einer Menge erzwungener sozialer Einschränkungen losgelöst. Ein – zumindest optional – grenzenloser Individualismus wird möglich. Das schlägt sich nieder in Musik, Kunst, Wohnungsbau, Familienstrukturen.

Die Wirtschaft wächst bis zum Ölschock 1973/74. Die Währungen taumeln, wieder werden Handelsschranken errichtet, Nullwachstum und Stagflation (aus Stagnation und politisch verursachte Inflation) scheinen sich festzusetzen. An dieser Krise sind aber nicht die Opec und die Araber schuld, sondern: Die wichtigsten Autobahnen sind gebaut, jede Mittelstandsfamilie hat ihr Auto, der Grenznutzen des automobilen Investitionsnetzes sinkt. Doch dieser Kondratieffabschwung ist erstmals sehr kurz: Das amerikanische Militär hat zuvor Unsummen aus dem Verteidigungshaushalt für die Entwicklung des Computers ausgegeben, für Rüstung und Raumfahrt. Schnell verwenden staatliche Behörden den Computer in der Verwaltung, er diffundiert in die amerikanische Wirtschaft. Von der Küchenwaage (die jetzt ein Computer mit Gewichtssensor ist) über die Textverarbeitung bis hin zur Robotersteuerung – es ist immer dasselbe technologische Prinzip, das mit seinen Produktivitätsfortschritten die gesamte Weltwirtschaft trägt. Zwar werden auch nach 1974 verstärkt Autos gebaut, doch Wachstumsmotor ist nun nicht mehr das Öl, sondern der Computer, mit dessen Hilfe man Autos billiger und besser herstellen kann.

Durch niedrige Transportkosten werden mehr Güter abgesetzt.

Würde Wirtschaft so betrachtet werden, die politische Debatte würde sich endlich einschneidend verändern. Denn jeder Zyklus hat seine eigenen Erfolgsmuster, mit den jeweils passenden Firmenstrukturen, Managementmethoden oder Bildungsinhalten. Daraus lässt sich eine brisante These ableiten: Immer jene Länder und Regionen, die die jeweilige Basisinnovation eines Kondratieffzyklus und die dazugehörenden gesellschaftlichen Spielregeln am besten entwickeln und anwenden, haben die meisten Ressourcen, um ihre Probleme zu lösen, leben im Wohlstand, sind wirtschaftlich und daher auch militärisch und politisch erfolgreich.

Um 1750, als die Industrialisierung noch nicht begonnen hat, ist Großbritannien lediglich irgend so ein Felsbrocken in der Nordsee. Damals haben die Briten keine zwei Prozent der Weltindustrieproduktion – das passt im Verhältnis ihrer Bevölkerung zum Rest der Welt. Aber dann verändert sich etwas am globalen Gleichgewicht: James Watt, Dampfmaschine, Textil- und Eisenindustrie. Mit diesem System sind die Engländer am produktivsten, ihre Wirtschaft wächst am stärksten. Nach der ersten langen Welle um 1830 stellen sie etwa zehn Prozent der Weltindustrieproduktion her. Und dann sind sie die Ersten, die ab 1825 die Eisenbahn bauen und Handel und Gewerbe auf weite Räume ausdehnen können. Nach dem zweiten Kondratieff 1880 haben die Briten auf einmal fast ein Viertel der Weltindustrieproduktion zu verteilen. Natürlich können sie es sich damals leisten, ein ökonomisch unsinniges, verlustreiches Kolonialreich mit herumzuschleppen, ihre Armee modernst auszustatten und ihre Schiffe auf allen Meeren herumsegeln zu lassen. Halten wir das aber fest: Die Engländer sind im 19. Jahrhundert nicht deswegen reich und mächtig, weil die Notenbank die Zinsen gesenkt hat oder weil die Löhne so hoch oder niedrig sind oder weil sie die Steuerreform vorgezogen haben – so die reichlich irrelevanten Themen unserer ökonomischen Diskussion –, sondern weil sie die grundlegende Erfindung dieser Zeit und die dazugehörenden gesellschaftlichen Strukturen am besten nutzen und umsetzen. Die englischen Adeligen des Jahres 1800 sind bereit, ins Unternehmertum einzusteigen, zu einer Zeit, als die deutschen Adeligen

Die Engländer waren im 19. Jahrhundert durch die Nutzung der Dampfmaschine reich und mächtig.

noch vom Rittertum träumen und auf die Handel treibenden Pfeffersäcke hinunterschauen. Das heißt: Die Vorstellungen von dem, was wir in unserem Leben für wichtig und für wünschenswert halten, beeinflussen unser Handeln, also auch unser wirtschaftliches Handeln.

Nach diesen beiden Strukturzyklen halten die Engländer an den gewohnten Erfolgsmustern fest. Ein junger britischer Unternehmer des Jahres 1880 sagt sich eben: Mein Vater und mein Großvater haben schon immer Geld verdient mit Dampfmaschine und Eisenbahn, also mache ich das ganz genauso. Das ist menschlich: Alles, was wir gelernt haben, war eine teure Investition. Und niemand von uns will, dass sein mühsam Erlerntes weniger wert wird. Deswegen werden wir lieber unsere Wahrnehmung anpassen als unsere Meinung korrigieren. Menschen wollen sich meistens nicht so ohne Weiteres ändern, vor allem, wenn sie mit einer bestimmten Art und Weise bisher Erfolg hatten. Die Deutschen dagegen, die industriellen Spätentwickler, die die ganzen Jahrzehnte zuvor nur so drei Prozent der weltweiten Industriegüter produzierten, die setzen im dritten Kondratieff auf die neue Basisinnovation Elektrizität. Dafür stehen bei uns Namen wie AEG, Siemens, IG Farben, und deswegen holen die Deutschen auf. 1913 haben sie mit fast 15 Prozent der Weltindustrieproduktion die Engländer überholt, die nur noch 13 Prozent der weltweiten Güter herstellen. Die Engländer versuchen zwar, sich mit dem Stempel „Made in Germany" gegen deutsche Exportgüter zu wehren, aber es nützt ihnen nichts, weil ein deutscher Unternehmer, der seine Fabrik mit Elektromotoren antreibt, eben viel produktiver ist als ein Engländer mit seiner noch so verfeinerten Edel-Dampfmaschine.

Russland, das vorher trotz seiner Größe und Bevölkerungszahl nicht über fünf Prozent der Weltindustrieproduktion hinausgekommen ist, kann nach dem Zweiten Weltkrieg Weltmacht sein und erreicht um 1980 fast 15 Prozent der Weltindustrieproduktion. Warum? Weil es im vierten Kondratieff darum geht, billige Erdölenergie zu nutzen. Die alte Sowjetunion hat damals noch Unmengen an Energiereserven, ein großer Teil davon sehr nah an der Oberfläche und daher billig abzubauen. Deswegen können die Russen den Weltraum erobern, Kuba unterstützen und beim Wettrüsten mit konventionellen Waffen überlegen sein. Aber in dem Moment, als nach dem Ölschock dieses Paradigma erschöpft ist und Wirtschaftswachstum nicht mehr davon abhängt, dass man noch mehr Öl und Erdgas verbraucht, als Wohlstand vom effizienteren Umgang mit den jetzt explodierenden Datenmengen abhängig wird, wie es der Computer in Maschinen und in der Informationsverarbeitung umsetzt, da muss die Sowjetunion samt Ostblock und ehemaliger DDR zusammenbrechen, weil die kommunistische Gesellschaft mit ihren starren Strukturen dieses Paradigma nicht erschließen kann.

Deutschland war zu Beginn des 20. Jahrhunderts durch Elektromotoren erstmals produktiver als England.

Japan dagegen, das zuvor nur zwischen zwei und drei Prozent der Weltindustrieproduktion stellt, steigt in den 1970er und 80er Jahren plötzlich auf und produziert um 1980 schon etwa zehn Prozent aller weltweiten Industriegüter. Weder die Arbeitszeit (sie verbringen mehr Zeit miteinander, aber ratschend) noch Löhne oder Kapitalkosten geben dafür den Ausschlag. Aus Sicht der Kondratiefftheorie steigen die Japaner in dieser Zeit auf, weil sie die Basisinnovation des fünften Kondratieffs am besten nutzen: Sie haben die Informationstechnik führend weiterentwickelt, hergestellt, exportiert und angewendet, können mit Hilfe des Computers Autos billiger und mit weniger Fehlern herstellen als jene, die Autos noch per Hand am Fließband zusammenmontieren. In Deutschland und Europa dagegen stößt der Computer auf den Widerstand der Gesellschaft: „Jobkiller Computer", „Die verkabelte Gesellschaft", „George Orwell 1984". Weil sie den Computer zuerst nur zögerlich nutzen, fallen die Europäer in der Produktivität zurück und haben plötzlich ein Problem mit Arbeitslosigkeit – weil sie nicht ausreichend produktiv sind.

Diese Geschichte hätte anders verlaufen können. Ein Deutscher, Konrad Zuse, erfindet 1944 den Computer; vor allem das

US-Militär treibt dann seine Weiterentwicklung voran – für Rüstung und Raumfahrt. Die Japaner beschließen aber schon 1969, die Entwicklung des Computers zwischen ihren Firmen zu moderieren, und schieben sich bis 1980 an die Spitze. Damals ist ein deutscher Ingenieur durchaus besser ausgebildet und kreativer als ein japanischer Ingenieur. Doch zehn japanische Ingenieure zusammen sind viel produktiver als zehn deutsche Ingenieure, die sich gegenseitig nicht informieren, schlecht zuhören und zusammenarbeiten, wo Meinungsverschiedenheiten zu Machtkämpfen ausarten, die bis zur Rente nicht mehr versöhnt werden. Deswegen arbeiten die Europäer damals zu langsam. Wenn die Japaner in den 80er Jahren eine neue Chipgeneration auf den Markt bringen, können sie 32 Dollar verlangen; und wenn dann zwei Jahre später Siemens mit derselben Generation auf dem Markt erscheint, kann das Unternehmen nur noch acht Dollar auf dem Weltmarkt erzielen und bekommt seine Entwicklungskosten nicht mehr herein.

Das liegt nicht an Preisen, Zinsen und Löhnen, sondern an einem Sozialverhalten, das von anderen ethischen Wurzeln geprägt ist: Konfuzianismus, Buddhismus und Schintoismus schufen in der japanischen Gesellschaft eine Gruppenethik, die die Zusammenarbeit in der Gruppe befördert, während andere Menschen außerhalb weiterhin gnadenlos bekämpft werden dürfen. Im Westen dagegen entstand eine Ethik, die immer mehr aus dem Blickwinkel des Einzelnen her dachte: In einer Zeit, als es völlig normal war, dass man andere Menschen kaufen und besitzen kann – als Sklaven –, kamen die Juden des Alten Testamentes plötzlich daher und sagten: Der Mensch ist das Ebenbild Gottes. Jeder Einzelne hat eine ganz besondere, unveräußerliche Würde, egal, ob er altersdement oder jung, schön oder hässlich, arm oder reich ist. Das Christentum ist zwar ein universalethischer Ansatz („Liebe deinen Nächsten wie dich selbst“), hat aber – um eine Universalethik überhaupt erst zu ermöglichen – gerade deshalb die Wertschätzung des Einzelnen in die Welt getragen. Vor allem seit der Aufklärung breitete sich der Individualismus weiter aus. Das drängte gruppenethisches Gedankengut in den Hintergrund, griff aber auch universalethische Elemente an.

Individuelle Freiheiten und Rechte rückten in den Mittelpunkt, bis hin zu einer Entwicklung, die man heute auf den Autobahnen erleben kann: Bleifuß auf der linken Spur, freie Fahrt für freie Bürger. In so einer Kultur können großartige individuelle Leistungen entstehen. Individualistische Kulturen müssen jedoch absteigen, sobald das Überleben davon abhängt, mehrere Einzelarbeiten zusammenzuführen. Aber auch Kulturen mit einem gruppenethischen Schwerpunkt fallen im Wettlauf der Produktivität zurück. Denn mit einer geschlossenen, hierarchischen Kampfgruppe feudal-treuer Untergebener kann man nicht mit ständig wechselnden Partnern, Kunden und Lieferanten zusammenarbeiten. Das ist einer der Gründe, warum Länder wie Japan und andere asiatische Tigerstaaten nach der Erfolgswelle der Computerhardware plötzlich wirtschaftliche Probleme bekommen.

Individualismus schafft großartige Leistungen.

Was Leo Nefiodow[19] schon Mitte der 90er Jahre prognostizierte, ist inzwischen eingetroffen: Der Computer hat die steilste Anstiegszeit seiner S-Kurve am Markt Ende der 90er Jahre hinter sich gelassen. Was an PCs über den Ladentisch geht, ersetzt meist vorhandene, ältere Computer und bringt kaum noch zusätzliche Produktivität. Für Wirtschaftswachstum hat im 5. Kondratieff nicht der Umsatz mit Informationstechnik gesorgt, also zum Beispiel beim Handy nicht der Umsatz bei Kauf und mit Gesprächsgebühren, sondern dass man mit einem Handy unterwegs Zeit für die Arbeit produktiver nutzen, Termine effizienter und kurzfristiger vereinbaren kann. Die eingesparte Zeit, die zusätzlich ermöglichte Arbeit – das ist in der Kondratiefftheorie der Wachstumseffekt für die Wirtschaft.

---

[19] Damals bei der Gesellschaft für Mathematik und Datenverarbeitung GMD, St. Augustin, in seinem Buch „Der 6. Kondratieff", Rhein-Sieg-Verlag, St. Augustin 1996.

Nachdem die Ressourcen aber immer weniger werden, die durch Informationstechnik einspart werden, heißt das: Wir sind am Beginn einer Zeit mit sinkenden Gewinnmargen, sinkenden Reallöhnen und anstrengenden Verteilungskämpfen. Es macht ja Spaß, Politiker zu sein zu einer Zeit, in der sich ein neues technologisches Kompetenznetz ausbreitet und die Wirtschaft auf ewig zu wachsen scheint – da kann man dem Wähler glauben machen, dass der Wohlstand mit den eigenen Glanztaten zusammenhinge. In einem langen Abschwung dagegen haben wir immer mehr Probleme zu lösen, dafür aber immer weniger Ressourcen zur Verfügung – niemand drängt sich vor, um Verantwortung zu übernehmen, so wie nach dem dritten Kondratieff, als Hitler die Macht einfach so in den Schoß fiel (von wegen „Machtergreifung"). In den 20er Jahren werden die Gewerkschaften fast entmachtet, aber nicht, weil die Unternehmer plötzlich so böse sind, sondern weil sie selber kaum noch Gewinne machen. Die große Koalition der Weimarer Republik zerbricht am Streit über höhere Beiträge zur Arbeitslosenversicherung; die sozialliberale Koalition in Bonn überwirft sich nach dem vierten Kondratieff 1982 an der Frage der Neuverschuldung. Und auch wir sehen uns jetzt zunehmenden Verteilungskämpfen gegenüber, vor allem in den Sozialversicherungen, in der Rente und der Krankenversicherung.

Gruppenethische Kulturen sind weniger innovativ.

Diese Verteilungskämpfe entstehen nicht nur innerhalb von Gesellschaften, sondern auch zwischen Wirtschaftsräumen: In einem langen Aufschwung hat es immer Globalisierung gegeben (ein alter Hut), der Welthandel expandiert und alle haben sich lieb. In einem langen Abschwung dagegen gerät die Politik unter den Druck der Wirtschaft, doch bitte Handelsschranken und Zölle zu errichten, damit einem die anderen keine Marktanteile wegnehmen: In den 1880ern schotten Getreidezölle das Deutsche Reich ab, in den 1920ern kommt der Welthandel fast zum Erliegen, in den 1970ern werden technische Normen erfunden, damit die Franzosen nicht mehr bei uns verkaufen dürfen (und umgekehrt). Heute werden diese Verteilungskämpfe zwischen den größeren Wirtschaftsblöcken ausgetragen: Die USA reagieren plötzlich protektionistisch gegenüber Europa oder China.

Die bei Handelskriegen verlorenen Ressourcen sollten wir uns sparen – der Kondratieff-Blick nach vorne ermöglicht Alternativen, anstatt sich wie bisher bei jedem langen Kondratieffabschwung zu verzetteln, im Strukturkonservatismus, mit Unternehmensfusionen, hoher Arbeitslosigkeit und der Flucht in Rabattschlachten und Massenproduktion (die so keiner mehr braucht). Denn wir sind keiner schwingenden Sinuskurve ausgeliefert, wie die Kondratieffzyklen schematisch dargestellt werden. Wenn es nun gelingt, Kondratieffs „Realkostengrenze" zu identifizieren, die dem Wachstum den Atem abdrückt, dann muss es nicht zu einer langen und tiefen Krise kommen. Was sind die Firmenstrukturen, die Managementmethoden, die die nächste Knappheitsgrenze überwinden, welche Bildung brauchen wir, worin muss investiert werden? Solche Fragen werden jedoch erst dann in den Mittelpunkt rücken, wenn sich in den Wirtschaftswissenschaften die Einsicht durchgesetzt hat: Wirtschaft ist vor allem eine kulturelle Leistung.

P.S.: Wem die geschichtliche Darstellung hier zu kurz ist, dem sei das 1. Kapitel „Die Zukunft beginnt in der Vergangenheit" (150 Seiten) in Erik Händelers Buch *Die Geschichte der Zukunft* empfohlen.

Kapitel 4

Wirtschaft ist eine kulturelle Leistung

Geld ist langfristig nur die Folge, aber nie die Ursache der wirtschaftlichen Bewegungen. Das unterscheidet Kondratieff von den Theorien, die sich auf der monetär-mathematischen Ebene bewegen: Im Vordergrund stehen Veränderungen des realen Lebens.

Die heutige Wirtschaftswissenschaft hat sich ein Bild von der Welt erschaffen, das – zugegeben – eine verlockende Perspektive eröffnet. Da draußen leben vernünftige Wirtschaftsakteure, die Eigeninteressen verfolgen und dabei versuchen, ihren Nutzen zu optimieren – und zwar nach den Anreizen, die ihnen das Rahmensystem vorgibt. Der rational handelnde „Homo economicus" verhält sich im alten Rom nach denselben Kriterien wie an der Hongkonger Börse – so ihre Vorstellung vom Menschen. Sobald diese Glaubensgrundlage einmal als Wirklichkeit akzeptiert war, ließ sich Wirtschaften (also menschliches Handeln) in mathematische Gleichungen verpacken: Wie sich angeblich das Bruttosozialprodukt verändert, wenn die Zentralbank die Zinsen senkt (und sonst alle anderen Einflüsse unverändert bleiben), Unternehmen längere Arbeitszeiten durchsetzen oder Krankenkassenbeiträge schon wieder erhöht werden. Dieses Denken stammt aus einer Zeit, als man meinte, alles hänge wie ein Uhrwerk mechanisch zusammen und sei mess- oder berechenbar – also so ungefähr aus dem Jahre 1720: Wirtschaftswissenschaft hat die Gesetze der Naturwissenschaft auf ökonomische Vorgänge übertragen (und meint, damit – besser als mit allem anderen – Wohlstand und sogar Ethik herstellen zu können). Ob das funktioniert?

Treffen sich zwei Moleküle im Raum. Sagt das eine zum anderen: „Von da hinten hat man eine schöne Sicht auf das Bergpanorama. Hast du nicht Lust, dich mit mir da rüber zu bewegen?" Hat es nicht. Oder vielleicht doch. Wir wissen es nicht. Natürlich ist diese Geschichte Unsinn. Denn wenn sich zwei Moleküle treffen, lässt sich in der Tat ganz genau berechnen, welche Bewegungsenergie sie abgeben, und wie sie durch den Zusammenprall ihre Flugbahn ändern. Nachdem die Naturwissenschaften mit mathematischen Gesetzen so erfolgreich waren – also etwa bei komplexen Maschinen wie Uhren und sogar meistens bei der Flugbahn von Raketen –, fühlten sich die Ökonomen dazu berufen, diese auf das Leben anzuwenden. Allen Ernstes übertragen sie klar berechenbare physikalische Gesetze auf das wirtschaftliche Verhalten der Menschen. Also werden aus lebendigen Menschen stumme Elementarteilchen, die mathematischen Gesetzen gehorchen, durch einfache Gleichungen erfassbar sind, deren wirtschaftliche Bewegungen sich auf dem Papier bis weit hinter das Komma berechnen lassen und beim Geldausgeben einen stabilen Gleichgewichtszustand herbeiführen.

Lebendige Menschen leben nicht nach mathematischen Gleichungen.

Warum können wir nicht umgekehrt einfach Studien über soziales Handeln auf die Physik übertragen? Da würde jeder zu Recht entgeistert den Kopf schütteln: Wenn jedes Molekül tun würde, wozu es sich gerade spontan aus einer Laune heraus entscheidet, bräche die ganze materielle Welt zusammen. Warum nehmen wir es also widerspruchslos hin, dass die teuer bezahlte Elite der Wissenschaft unser wirtschaftliches Handeln wie physikalische Körper berechnet? Der Erfolg ist bekannt: Die Vorhersagen der Wirtschaftsweisen liegen bis zu 100 Prozent neben der Wirklichkeit.

Denn jede ihrer Kurven wird von unendlich vielen Faktoren beeinflusst, die sich gleichzeitig alle wieder gegenseitig bedingen: von dem Wetter, den Moden, gesunkenen Zöllen oder Energiepreisen, neuen Marktteilnehmern, besserer Vermarktung, Marktregulierungen, besserer Qualität, attraktiver gewordenen Ausrüstung, dem Staatsbesuch eines ausländischen Präsidenten samt Gefolge oder eben einem erschöpften technologischen System, das gar keine zusätzliche Arbeit mehr benötigt, selbst wenn jemand für umsonst arbeiten würde. „Es gibt kein isoliertes Vorkommen jener Phänomene, die in der Theorie beschrieben werden“[20],

[20] Karl-Heinz Brodbeck: Die fragwürdigen Grundlagen der Ökonomie. Eine philosophische Kritik der modernen Wirtschaftswissenschaften. Wissenschaftliche Buchgesellschaft, Darmstadt 1998, S. 27.

stellt der Volkswirtschaftprofessor Karl-Heinz Brodbeck fest, der in seinem genialen Buch „die fragwürdigen Grundlagen der Ökonomie“ offenlegt. „Was berechtigt uns, aus diesen zahllosen Einflussfaktoren einige wenige zu isolieren und in unseren Theorien zu verwenden?“[21]

Wirtschaft ist nicht mit Äpfeln gleichzusetzen, die – wehrlos gegen die Erdanziehungskraft – vom Baum fallen. Wirtschaft ist von menschlichem Verhalten geprägt, von Kreativität, Irrationalität, von getrübter Wahrnehmung, von den individuellen Lebenszielen, letztlich von der Freiheit des Menschen. Es ist ein Skandal, dass die fauchenden Dampfmaschinen mit ihrer simplen Mechanik und das Weltbild des 19. Jahrhunderts noch heute die Grundlage sind für wirtschaftlichen Rat an die Regierung. Dabei lassen die Ökonomen die Politik im Stich, weil sie den über die Jahrhunderte entstandenen theoretischen Rahmen unhinterfragt als Selbstverständlichkeit akzeptieren. „Denkmodelle gehen den Fakten immer voraus und werden nicht deshalb zur Gewohnheit, weil sie wahr sind, vielmehr weil sie geglaubt werden“[22], schreibt Brodbeck.

Wenn sie der Politik den Weg zu mehr Wohlstand weisen will, muss sich die Wirtschaftswissenschaft den historischen und kulturellen Bedingungen wirtschaftlichen Handelns in einer ganz konkreten, einzigartigen Situation zuwenden, den Vorgängen in den Köpfen, dem Sozialverhalten – so wie in Kondratieffs umfassender Theorie.

Zwar wird sie schon mal am Rande erwähnt – wie ein exotisches, praktisch schon ausgestorbenes Tier. Vielleicht hört man da und dort einen Vortrag. Aber die Theorie der langen Zyklen wird nicht in die bestehenden Denkmodelle integriert. Denn sie würde die etablierten, auf die monetäre Schmalspur reduzierten Theorien – Neoklassiker, Monetaristen oder Keynesianer – gleichermaßen durcheinanderschütteln. Wie sich etwa politische

---

[21] Brodbeck, S. 29.
[22] Brodbeck, S. 47.

Eingriffe auf die Wirtschaft auswirken, können diese mit ihrem Instrumentarium nicht ausrechnen.

Als die Konjunktur 1966 und Anfang der 70er Jahre stottert, sorgt die deutsche Bundesregierung für höhere Löhne und Steuererleichterungen, um die Nachfrage anzukurbeln. Aber die Leute geben deswegen auch nicht mehr Geld aus, lediglich die Sparquote wächst damals auf bis zu 17 Prozent. SPD-Wirtschaftsminister Karl Schiller sieht ein, dass er „die Pferde zwar zur Tränke führen" könne, sie aber schon „selber saufen müssten" – das heißt, Konjunktur ist eben doch nicht machbar und das Handeln der wirtschaftlichen Akteure nicht steuerbar. 100 Milliarden schuldenfinanzierte Mark verbrennen querbeet über alle Branchen hinweg als Ausgabenprogramm – ohne Erfolg. Der Grund für die damalige Flaute liegt in den Verhältnissen der realen Wirtschaft: Das technologische Netz rund um das Auto hat sich für die Gesamtwirtschaft erschöpft, es gibt nichts mehr, wofür es sich lohnt, zu investieren (das ändert sich erst, als man mit Hilfe des Computers auch Autos bedeutend billiger und besser herstellen kann).

Das Handeln wirtschaftlicher Akteure ist nicht steuerbar.

Ähnlich der wundersame Anfangserfolg der Regierung Helmut Kohl: Sie konsolidiert den Haushalt, indem sie die Sozialleistungen beträchtlich kürzt, die Sozialbeiträge und Mehrwert- wie Verbrauchssteuern erhöht, aber die Unternehmenssteuern senkt. Nach keynesianischen Theoriemechanikern würde es keinen direkteren Weg in die Rezession geben. Das Gegenteil geschieht: Obwohl das verfügbare Einkommen der Arbeitnehmer zurückgeht, geben die Verbraucher 1983 sechs Milliarden Mark mehr für Güter und Dienste aus als im Vorjahr. Die Stimmung in der Bevölkerung – ein geistiger Faktor – schlägt ins Positive um (Top-Schlager „Jajaja jetzt wird wieder in die Hände gespuckt, wir steigern das Bruttosozialprodukt"). Dies hat nichts mit Manipulation der Volksseele, sondern schlicht mit realwirtschaftlichen Vorgängen zu tun: Der Computer hat sich so ausgebreitet, dass er jetzt stark genug ist, die Konjunktur anzutreiben. Haben die

Wirtschaftsweisen dieser Zeit aber empfohlen, den PC zügig einzuführen? Nein, sie sprechen über Preise, Zinsen, Geldmenge, Löhne, Sozialabgaben – also über etwas, das sich monetär messen lässt, aber nur die Folge der wirtschaftlichen Entwicklung ist.

Sprachlos stehen sie vor den Veränderungen des realen Lebens. Produktivitätsfortschritte erscheinen als nebulöser Durchschnittsfaktor, den ein Deus ex machina[23] von außen irgendwie hereinreicht. Die Methoden des volkswirtschaftlichen Mainstreams haben sich längst verselbstständigt. Für ihre Prognosen müssen sie so viele Faktoren ausschließen, Annahmen treffen und Sachverhalte definieren – zwei Menschen leben auf einer Insel, sind unsterblich und haben keine Nachkommen –, dass es lächerlich wirkt, danach mathematisch-exakte Daten zu präsentieren, die zwar ästhetisch hochwertig, aber praktisch unbrauchbar sind. Dem weichen inzwischen viele Wirtschaftswissenschaftler aus, indem sie innerhalb der neoklassischen Synthese (aus keynesianischem und klassischem Gedankengut) völlig irrelevante Spezialfragen aufwändig erforschen, deren gesellschaftlicher Nutzen ungefähr den Versuchen gleicht, das Verständnis altägyptischer Dialekte weiter verfeinern zu wollen. Kein Wunder, dass die Empfehlungen des Sachverständigenrates binnen weniger Monate mal so, mal so ausfallen. Er meldet sich mit den widersprüchlichsten Empfehlungen zu Wort – Steuern senken, Staatsausgaben erhöhen, mit Schulden die Konjunktur anschieben oder sparen –, was andeutet, dass bei dieser Art von Expertise die Orientierung fehlt. Nichts davon greift, denn deren Glaubensannahmen ignorieren die Ursachen wirtschaftlicher Entwicklung: das Verhalten Einzelner.

Das Verhalten Einzelner bestimmt die wirtschaftliche Entwicklung.

Nachdem es dafür seit den Religionskriegen keine gemeinsame Wertebasis mehr gab, konstruierte sich die Wirtschaftswissenschaft eine neue: durch ein angeblich rationales, in Wirklich-

[23] Üblich im antiken Schauspiel: Ein plötzlich auftauchender Gott (der mit Hilfe einer Bühnenmaschine herabgelassen wird) löste die Verwicklungen.

keit aber auf Vorgaben beruhendes Weltbild (gut = mehr Geld), in dem der Einzelne seinen Nutzen entlang der Rahmenbedingungen optimiert. Nun ist aber – so ein Pech – überhaupt nicht klar, was der Nutzen eines Menschen ist. Seit der deutsche Soziologe Max Weber vor über 100 Jahren feststellte, dass Protestanten mit ihrem Geld anders umgehen als Katholiken, weiß man außerhalb der Wirtschaftswissenschaft: Den rational handelnden Akteur gibt es nicht, weil jedes Handeln aufgrund von Wertvorstellungen entsteht.

Wenn ein SS-Mann sein Eigeninteresse darin sieht, vom Wachturm Gefangene zu erschießen, während es Maximilian Kolbe als sein Eigeninteresse betrachtet, für einen Familienvater in den Tod zu gehen, dann ist klar, dass man mit wissenschaftlich-objektiven Methoden nicht bestimmen kann, was das Eigeninteresse eines Menschen ist. Verschiedene Menschen halten verschiedene Dinge für erstrebenswert. Für unsere Lebensziele selbst gibt es keine rationale Begründung. Nur das daraus abgeleitete Handeln kann rational sein. Für die rational handelnde „Glatze" ist es vernünftig, Obdachlose zu jagen, während die Nutzenfunktion des rational handelnden Franziskanermönchs über seine eigene Person hinausreicht, so dass er Obdachlose aufnehmen und verarzten wird. Daran ist die etablierte Wirtschaftsethik gescheitert: Unsere individuelle Entscheidung, was wir als Wert anerkennen, bestimmt unser Handeln, aber sie ist nicht rational.

Was ein Stahlhochofen oder eine Autowaschanlage wert ist, hängt von der aktuellen Nachfrage der Menschen, also von ihren Wünschen ab, von ihren Erwartungen an die Zukunft und wie sie ihre historisch einzigartige Situation interpretieren. Das Problem der Wirtschaftswissenschaft ist, dass sich meine Präferenzen jeden Augenblick ändern. Jede Regenwolke, jeder Gedanke verändert die Bedürfnisse des Konsumenten, ob er eine Cola bestellt oder eine heiße Schokolade. Es gibt keine stabilen Präferenzen. Das ist der Grund, warum es dem statistischen Bundesamt völlig unmöglich ist, einen Warenkorb zu finden, der die Preisentwicklung wiedergibt – und sie alle fünf Jahre neu anpassen muss.

Damit wird aber einem Professor bei allen seinen Gutachten und Prognosen der Boden unter den Füßen weggezogen, in denen er bei Kenntnis der Variable x berechnet, wie groß y zu einem späteren Zeitpunkt sein werde. Denn er setzt immer voraus, dass Handlungsstrukturen und Umwelt der Menschen unverändert so bleiben, wie sie sind – genau das ist die Definition des neoklassischen Gleichgewichts. In der Mechanik ist das ja so: Wenn ein Apfel vom Baum fällt, lässt sich seine Fallgeschwindigkeit zu jeder Zeit mit mathematischen Gleichungen berechnen. Doch wie sich eine ökonomische Entwicklung beschleunigt, verzögert oder stottert, ob sich eine Gesellschaft gegen eine neue Basisinnovation wehrt oder sie begrüßt, lässt sich nie berechnen, weil niemand weiß, wie sich Menschen zu einem anderen Zeitpunkt verhalten werden.

Die Gegenwart ist ein Chaos, und dem versuchen Klassiker wie Keynesianer zu entkommen, indem sie von einem langfristigen, geordneten Gleichgewicht in der Zukunft träumen, nur um in dieser Zukunft dann völlig überrascht ein ebenso großes Chaos vorzufinden. Das wird immer so sein, auch wenn die Wirtschaftswissenschaftler ihre mathematischen Methoden noch so toll verfeinern – weil Menschen frei entscheiden können. Ein Blatt, das im Herbst vom Baum abgestoßen wird, entscheidet nicht selbst, ob es jetzt gerade Lust hat, herunterzufallen, im Raum zu schweben oder sogar gen Himmel zu fliegen – es gehorcht der Schwerkraft und fällt zu Boden. Diesen Unterschied zum Menschen ignoriert die Wirtschaftswissenschaft, er passt eben nicht ins Modell. Wenn die Theoriemechaniker überhaupt mal von menschlicher „Freiheit“ reden, dann meinen sie damit gerade mal soviel wie die „Bewegungsfreiheit“ eines mechanischen Pendels[24], das ungehindert seinen Naturgesetzen folgen kann (das ist der tiefere Glaubenszusammenhang des wirtschaftspolitischen Mantras, man müsse nur den Markt von lästigen Ein-

Ein langfristig geordnetes Gleichgewicht ist unmöglich.

[24] Brodbeck, S. 50.

schränkungen befreien und dann kommt der große Aufschwung von allein, so wie damals bei Ludwig Erhard).

Menschen sind aber nicht das Werkzeug einer unsichtbaren Macht. Ihr Leben ist eine Fülle verbundener, offener Situationen, in denen sie sich frei entscheiden können: Sie können sich einer fundamentalistischen Bewegung anschließen oder eine Gemeinde mit einer breiten spirituellen Vielfalt bereichern, sie können fremdgehen oder treu bleiben, Kinder kriegen oder abtreiben, jemanden anrufen und ihn um Verzeihung bitten oder nicht, sie können endlich schlafen gehen oder doch noch zwischen verschiedenen Fernsehprogrammen herumzappen, eine Kaffeepause einlegen oder konzentriert weiterarbeiten. Nicht jeder Mensch, der als Kind geschlagen wird, schlägt später als Erwachsener seine eigenen Kinder – die Freiheit des Menschen steht über allen materiellen Gesetzen mechanistischer Wissenschaft.

Die Kondratiefftheorie sieht zwar eine Knappheit, die bestimmte Innovationen notwendig macht. Aber ob Eisenbahn oder Computer von den Institutionen, letztlich von der Gesellschaft unterstützt oder behindert werden, dafür gibt es keine Zwangsläufigkeit: Das bestimmen die Menschen selbst aufgrund dessen, was ihnen wichtig erscheint. Alles, was wir unternehmen oder unterlassen, hat aber mit dem Ziel zu tun, auf das unser Tun hinausläuft. Und dabei berücksichtigt auch schon der englische Ökonom Adam Smith vor über 200 Jahren nicht nur das Diesseits: „Die Menschen sind an dem, was den Unterhalt ihres Lebens betrifft, ebenso interessiert wie an ihrem Glück in einem Leben danach.“[25] Deswegen ist Religion Teil der Wirtschaftswissenschaft – wenn sie sich eben nicht über ihre monetär-mathematischen Methoden, sondern über ihren Forschungsgegenstand „Wohlstand/Ressourcenallokation“ definiert.

Und selbst wenn sich der Mensch wie in den wirtschaftswissenschaftlichen Märchen rational entscheiden wollte, er könnte es

---

[25] Zitiert bei Brodbeck, S. 111.

nicht – weil ihm dafür die nötigen Informationen fehlen. Sein Problem ist, dass er eines Tages stirbt, aber keine verlässlichen Informationen über seine individuelle Lebensspanne hat. Eine rationale, zeitübergreifende Wahl, wie er heutigen und künftigen Konsum gegeneinander abwägt, ist logisch unmöglich. Wer weiß, dass er nur noch ein Jahr zu leben hat, verändert sein bisheriges Verhalten, unternimmt noch eine überschwängliche Weltreise oder verbringt die Zeit betend in einem Kloster. Wirtschaftliches Handeln ist nur marginal von Geld abhängig, es ist vor allem eine Funktion unserer chaotischen Gedankenwelt, also mathematisch unbeschreiblich.

Und auch die Informationen, die einem zur Verfügung stehen, bestimmen nicht wirklich das Verhalten. Denn ob mir etwas als gut und nützlich erscheint, ist eine Frage meiner Interpretation. In den 80er Jahren gab es eine Zeit, in welcher der italienische Schnaps Grappa in der Münchener Schickeria absolut „in" war. Nachdem die Süddeutsche Zeitung darüber aufgeklärt hatte, dass es sich bei Grappa um ein widerliches Gebräu aus den Abfallprodukten der Beerenlese handelt, senkten die Kaufhäuser den Preis pro Flasche von 80 auf immer noch unverschämte 50 Mark. Trotz des gesunkenen Preises ging die Nachfrage dennoch weiter zurück. Die Nachfrage ist eine Funktion der Information und ihrer Interpretation, und nur ein wenig eine Funktion des Geldes. Und selbst welche Informationen ich lese oder nicht, unterliegt der menschlichen Freiheit. Ein fundamentalistischer Grappatrinker wird sich weigern, einen Artikel zu lesen, der Negatives über Grappa schreibt, und wird weiterhin 80 Mark für eine Flasche hinblättern. Der Mensch entscheidet sich oft emotional und begründet es hinterher rational. Wie sehr der Mensch sich selbst hinterfragt oder seiner jeweiligen Stimmung und seinem Hormonspiegel folgt, ist jedem selbst überlassen. Freiheit ist unbestimmt und keinen Gesetzen unterworfen. Mit dem Fall des Rationalitätspostulats liegt fast die gesamte traditionelle Ökonomie in Schutt und Asche und damit die

Wirtschaftliches Handeln ist mathematisch unbeschreiblich.

Existenzgrundlage der Ökonomie als physikalisch-mathematische Wissenschaft: Wirtschaft ist eine kulturelle Leistung.

Anstatt Eigeninteresse nur vorauszusetzen, wäre das eigentlich spannende Thema wirtschaftswissenschaftlicher Auseinandersetzung, wie weit Eigeninteresse zu fassen ist – bis hin zu dem Willen, andere Menschen auch bei eigenen Nachteilen gerecht zu behandeln. Aufgrund welcher Vorstellungswelt handelt ein Akteur? Welches Eigeninteresse entsteht aus welchen Werthaltungen? Und – so die Frage aus der Sicht der Kondratiefftheorie – ist das dann alles gleich-gültig für die Produktivität im historisch aktuellen Strukturzyklus?

Welches Handeln in einer Kultur als wünschenswert gilt, bei welchem Thema man ein Tabu bricht und mit welchem Verhalten man zu den Bewunderten gehört, das wird zwar von der jeweiligen Knappheit der Kondratieffwelle beeinflusst, ist aber nicht wirklich wissenschaftlich-wertfrei zu entscheiden, sondern eine Auseinandersetzung, die in der Gesellschaft ständig geführt werden muss. In allen Medien, auch in der Werbung, wird der Kampf geführt, welche Vorstellungen sich durchsetzen, was in unserem Leben akzeptiert sein soll. Jeder versucht, die Verhaltensweisen zur Geltung zu bringen, die er leben möchte, während er jene Werthaltungen mundtot machen oder angreifen wird, die er verhindern will. Es ist ein kultureller Machtkampf um die gesellschaftliche Lufthoheit.

Vor allem das Fernsehen setzt Normen für Verhaltensweisen und Gesprächsthemen, bietet Lebensstile zur Nachahmung an. Figuren von Seifenopern ersetzen Bindungsschwachen die fehlenden realen Kontakte. Die Medienwirkungsforschung liefert widersprüchliche Ergebnisse, und stark ist die Fraktion, die die Medien für wirkungslos erklärt. Aber wenn die Medien das Verhalten angeblich nicht beeinflussen, wieso pumpt die Wirtschaft solche hohen Summen in Werbung? Seltsamerweise haben sich amerikanische Fernsehsender verpflichtet, nicht oder nicht ausführlich über Selbstmorde von Jugendlichen zu berichten – und damit zugegeben, dass sie sehr wohl das Verhalten ihrer Zuschauer beeinflussen. In Zukunft wird es keine allgemein gültigen Werte geben, die den Menschen sagen, was sie anstreben sollen. Die Bürde der eigenen Verantwortung trägt jeder selbst. Die Gesellschaft ist frei, selbst zu entscheiden, nach welchen Regeln und Maßstäben sie leben will – das ist der Grund, warum sich die Rechtsprechung mit der Werthaltung der Gesellschaft laufend wandelt.

Doch diese Sicht enthält einen Irrtum: Dass jede Denkweise und jedes Lebensziel gleichermaßen Sozialkapital bildet und zu einem produktiveren Umgang mit Information führt, dass also damit alle Wertvorstellungen gleich wertvoll seien. Produktivität ist aber kaum noch von Maschinen, sondern vorrangig von der Kooperationsfähigkeit der Informationsarbeiter abhängig. Zum entscheidenden Standortfaktor wird die Fähigkeit, produktiv mit Wissen umzugehen – und das ist nicht nur eine kognitive, sondern eine soziale Fähigkeit und hat mit dem Maß an Vertrauen zu tun, das wirtschaftliche Transaktionen bestimmt. Offensichtlich gehen die Interessen der Wirtschaft weit darüber hinaus, nur für ein Produkt werben zu dürfen, um es verkaufen zu können. Sie braucht ein gesundes gesellschaftliches Umfeld: Denn Kriminalität, Alkohol und zerbrochene Familien wirken über höhere Steuern und Sozialabgaben auf die Betriebe zurück.

Im seelischen und sozialen Bereich schlummern die größten Produktivitätsreserven. Was an materiellen Ressourcen und Lebenszeit für Destruktives konsumiert wird, das ist letztlich ein Informationsproblem. Hier geht es um die Frage, wie jemand sich und seine Umwelt einordnet, wofür und nach welchen Maßstäben jemand seine Kraft einsetzt oder nicht. Nach der Industriegesellschaft ist ein Engpass an ethischer Qualität entstanden, der über den Nutzen der eigenen Person hinausgeht. Dafür müssten in der Gesellschaft gemeinschaftsfördernde Werte vermittelt werden.

In Europa war dieser Maßstab einmal das Christentum. Es hat (mit seinen vielschichtigen Traditionen) die Vorstellung geprägt, was in einem Leben als wichtig und wünschenswert gilt. Seit der

Aufklärung sind zusammen mit den dumpfen gruppenethischen meist auch die universalethischen[26] Elemente der europäischen Geistesgeschichte in den Hintergrund gerückt, um einem starken Individualismus Platz zu machen. Mit den technischen und materiellen Voraussetzungen dafür, dass sich der Einzelne entfalten kann, sind die früheren Institutionen zunächst auf dem Rückzug. Doch sie hinterlassen kein Vakuum – in diesen Raum drängen nun andere Anbieter: Dabei geht es meistens nur um die eigene Bewusstseinserweiterung, um das eigene Eindringen in höhere Sphären, um die eigene Wellness, um das Wecken der eigenen verborgenen Potenziale, um die eigene Glückseligkeit – mit der Folge, dass die Verantwortung bei der eigenen Person stehen bleibt, sich jeder nur um sich selbst dreht, was den destruktiven Ressourcenverbrauch nur weiter nährt. Was für ein Irrtum: Es gibt kein eigenes Glück. Zum Glück gehören immer auch die anderen und die eigene Umwelt.

Gemeinschaftsfördernde Werte müssen vermittelt werden.

Bei jedem der bisherigen Kondratieffzyklen entschied die Akzeptanz einer neuen Basisinnovation und die kulturelle Adaption der Erfolgsmuster über den relativen Wohlstand eines Landes. Wirtschaftlich prosperieren werden künftig die Firmen und Regionen, in denen Menschen auch dann fair zusammenarbeiten und sich gegenseitig fördern, wenn sie sich nicht mögen oder wenn sie sogar durch Vergangenes belastet sind. Unterschiedliche ethische Wertvorstellungen sind also nicht nebeneinander gleichrangig, wenn es darum geht, das Zusammenleben der Gesellschaft oder das Zusammenwirken in der Wirtschaft zu ermöglichen.

---

[26] Eine Universalethik bezieht jeden Menschen und die Schöpfung mit ein, im Gegensatz zu einer Gruppenethik, die nur die Mitglieder der eigenen Gruppe fair behandelt.

Kapitel 5

Die Zukunft findet im gedachten Raum statt

Um produktiver mit Information umzugehen, müssen Unternehmen als Gesamtsysteme effizienter werden.

Frage: Immer wieder heißt es, der Aufschwung steht kurz bevor, nächsten Herbst, nächstes Jahr. Sie dagegen sind der Meinung, dass uns eine richtig lange Krise bevorsteht. Wollen Sie allen Ernstes sagen, Sie würden wissen, was demnächst passiert?

Händeler: So ungefähr weiß ich, worauf es ankommt, aber nicht, ob die Menschen das auch umsetzen. Was in den nächsten Jahren passieren wird, ist in der Geschichte schon öfter so abgelaufen: Nach jahrzehntelangem Wirtschaftswachstum gibt es plötzlich einen Produktionsfaktor, der sich nicht kurzfristig vermehren lässt. Und weil dieser Faktor so knapp wird, steigt sein Preis, bis es sich für den Unternehmer nicht mehr lohnt, sein Geschäft auszuweiten oder sogar weiter zu betreiben – die Wirtschaft versinkt in einer tiefen Krise. Um diese Knappheit zu überwinden, wurden dann eben Dampfmaschine, Eisenbahn und Computer entwickelt und angewendet. Die haben dann 20 bis 30 Jahre lang den Wohlstand vorangetrieben, bis sie sich ausgebreitet hatten. Dann musste sich die Gesellschaft wieder an der nächsten Knappheit abarbeiten. Das ist der wirtschaftliche Zusammenhang, den der russische Ökonom Nikolai Kondratieff schon vor 80 Jahren so beschrieben hat. Nach ihm sind seit Schumpeter diese langen Zyklen benannt.

Frage: Manager müssen sich aber an Monats- und Quartalsergebnissen messen lassen. Was interessieren mich da Wirtschaftszyklen, die mit Auf und Ab ein halbes Jahrhundert dauern?

Händeler: In einem langen Aufschwung haben Sie ja Recht, denn da können Sie sich voll auf kurzfristig greifenden Maßnahmen ausruhen. Aber was ist, wenn sich die kurzfristigen Möglichkeiten erschöpfen, die Produktivität nicht mehr spürbar steigt und damit der Spielraum für Gewinne immer dünner wird? Bis die

Eisenbahn gebaut wird oder breite Bevölkerungsschichten mit dem Computer umgehen können, das dauert. Nachdem uns jetzt der Computer 30 Jahre lang produktiver gemacht und so Wachstum erzeugt hat, macht uns jetzt eine noch schnellere Kiste auf dem Schreibtisch auch nicht mehr produktiver. Und selbst die PCs, die jetzt noch über den Ladentisch gehen, ersetzen nur die, die schon vor fünf Jahren verkauft wurden. Zusätzliche Produktivität und Spielraum für Gewinne erzeugt das nicht mehr.

Frage: Das hört sich ungemütlich an.

Händeler: Ja, sehr. Bei stagnierender Produktivität können sich Unternehmen in der Hauptsache nur über den Preis unterscheiden – wie bei den jetzt entbrannten Rabattschlachten. Deswegen sind alle langen Kondratieffabschwünge tiefe Krisen der Preise und Gewinne. Die Wirtschaft versucht, sich durch Zölle und Handelshemmnisse vor dem Ausland zu schützen, und so kommt es im Abschwung zu Handelskriegen, wie in den 1880ern, den 1920ern oder in den 1970ern mit nichttarifären Handelshemmnissen wie technischen Normen. Das ist jetzt auch wieder zu beobachten, etwa zwischen den USA und China oder der EU.

Frage: Schon jetzt steht aber schon vielen Firmen das Wasser bis zum Hals. Soll das jetzt 20 Jahre so weitergehen?

Händeler: Das kommt darauf an, wie lange wir brauchen, um die Eisenbahn zu bauen. Was also ist jetzt so knapp? Der 2001 verstorbene Österreicher Professor Millendorfer hat schon vor 20 Jahren gesagt: Nach der Industriegesellschaft wird die Menschheit entweder zurückkehren zu den Prinzipien des Lebens – oder sie wird stagnieren. Und so ist es: Als der Wohlstand vom Takt der Maschinen abhing, war es völlig egal, wie konstruktiv, wie fair und fördernd die Leute miteinander umgingen. In der Informationsgesellschaft dagegen ist der größte Teil der Arbeit Umgang mit

Information – planen, organisieren, Probleme lösen, in dieser Informationsflut die Informationen suchen, die man gerade braucht, um ein reales Problem zu lösen. Immer mehr Arbeit wie auch immer mehr Produkte sind immateriell, ebenso wie Gesundheit, die Sie nicht im Versandkatalog kaufen können.

Frage: Das bedeutet neue Spielregeln für wirtschaftlichen Erfolg?

Händeler: Der Wohlstand hängt in Zukunft davon ab, wie effizient Informationen zusammengeführt werden. Das hat zwar auch mit Dingen zu tun, die man mit seinem Verstand erlernen kann: Fachkompetenz, eine verständliche Sprache, vernünftiger Umgang mit Zeit. Aber die größten Produktivitätsreserven in den Firmen liegen auf einer anderen Ebene: Leistungsbereitschaft, gegenseitige Verlässlichkeit, Sozialverhalten.

Frage: Was soll ich denn damit anfangen, wenn ich Schuhe und Parfüm verkaufe?

Händeler: Auch da kann man immer mehr immaterielle Produkte anbieten, also Serviceleistungen rund um die Produkte, die gar nicht viel kosten; Wissens-Beratung, käuflicher Zugang zu Informationen im Internet; Dienstleistungen des Versandhauses, wie Handwerker oder Spezialisten vor Ort koordinieren und für deren Qualität geradestehen. Versandhäuser sind immer noch zu sehr auf Textilien, Bücher und Spielzeug fixiert, anstatt die Chancen des Gesundheitsmarktes zu erkennen, und damit meine ich nicht nur, in den Medikamentenversand einzusteigen.

Frage: Wie verändern sich im nächsten Strukturzyklus die Kundenbeziehungen?

Händeler: Verkauf ist Informationsarbeit pur, weil es immer mehr darum geht, das richtige benötigte Produkt zum richtigen Kunden zu bringen. Weil wir als Informationsarbeiter immer spezialisierter sind und nur unseren Bereich sehen, kann nur ein Team unterschiedlicher Spezialisten die Situation eines Kunden analysieren und optimieren. Niemand muss dann mit der Fassade herumlaufen, alles zu wissen, sondern man kann von der Stärke der anderen profitieren. Das ist der künftig entscheidende Wettbewerbsfaktor, auf den die meisten Branchen noch nicht vorbereitet sind: Sozialkompetenz entwickeln, zuhören können, sich selbst kennen und die individuelle Persönlichkeit des anderen akzeptieren. Wer als Berater dem Kunden authentisch zuerst als Mensch begegnet, sich nicht nur für seine Kaufanfrage, sondern auch für sein Wohl interessiert, der verabschiedet sich vom nur kurzfristig erfolgsbezogenen und gewinnorientierten Arbeiten. Gute Geschäfte folgen daraus, schon weil zufriedene Kunden einen Berater weiterempfehlen werden. Das eigentliche Produkt sind nicht mehr ihre Schuhe, Medikamente und Versicherungen, sondern die umfassende, vor allem soziale Qualität ihrer Beratung. Ein System, das einseitig Verkaufswettbewerbe unter den Beratern abhält, wird nie den Kundenbedarf berücksichtigen, sondern eben ein weiteres Produkt verkaufen, aber Unwillen und verbrannte Erde hinterlassen.

Frage: Welche Managementseminare sollten wir also anbieten, wenn wir die Situation der Firmen verbessern wollen?

Händeler: Zuerst einmal würde ich schauen, was ich in der Informationsarbeit einer Mannschaft verbessern kann – dabei geht es um die Gesamtproduktivität eines Systems. Vertrauen, Motivation, ein ehrlicheres Arbeitsklima, wo die Mitarbeiter wissen, dass sie fair behandelt und gefördert werden, und umgekehrt sich für den Betrieb einsetzen – das lässt sich nach großen Anstrengungen hauptsächlich langfristig verbessern. Gibt es einen Raum der Stille, in dem man sich konzentrieren kann? Wird alles nur gnadenlos zeitgemanagt oder gibt es die Chance, in Ruhe eine überraschende Lösung heranreifen zu lassen? Welcher Mechanismus läuft an, wenn es Spannungen gibt? Werden die älteren Mitarbeiter, frustriert von flachen Hierarchien, genug gefördert, um sie länger und motiviert im Betrieb zu halten? Und wenn jetzt als größtes Knappheitsfeld Gesundheit unbezahlbar wird: Wo sind die Produktivitätsreserven in der Gesundheit der Leute?

Frage: Gesundheit als Zukunftsmarkt – das sind doch vor allem technologische Errungenschaften, etwa Nanotechnologie oder Gentechnik?

Händeler: Manche Leute sind am Ende meiner Vorträge enttäuscht, dass sie keine Dampfmaschine als die große Zukunftsinnovation präsentiert bekommen. Denn die könnten sie anfassen und dann so weitermachen wie bisher, ohne groß etwas ändern zu müssen. Der wichtigere Teil der Wertschöpfung findet in Zukunft aber im gedachten Raum statt. Da liegen die großen Produktivitätsreserven in immateriellen Dingen: Zum Beispiel im Zugeben, wenn der andere Recht hat. Statuskämpfe vermeiden, stattdessen tagesaktuell problembezogene schwankende Wichtigkeit zulassen. Eine Schulkultur der Neugier und des kritischen Mitdenkens fördern statt der Einstellung, dass es uncool sei, sich für ein Gedicht zu interessieren. Mit der Gesundheit ist es genauso: Die Leute kommen zum Arzt und erwarten, dass der ihnen ihre Krankheit wegschafft, aber sie sind nicht bereit, ihren Lebensstil zu ändern, der sie krank macht.

Frage: Es wird also keine Dampfmaschine mehr geben?

Händeler: Wir werden die neuen knappen Produktionsfaktoren nicht mehr hauptsächlich mit materiellen technologischen Innovationen überwinden, sondern mit einem neuen Kompetenznetz: Dem Wissen, wann ich mich als Informationsarbeiter mehr Stress aussetzen oder wann ich in die Stille gehen sollte, um meine Informationsarbeit produktiver zu bewältigen; dem Umgang mit mangelndem Selbstwert, einem größeren Verantwortungsgefühl.

Natürlich kann ich Ihnen hier sämtliche Branchen und Technologien aufzählen, die Krankheit verringern und vor allem Gesundheit erhalten, aber nur das zu tun langweilt, weil es nichts am Verhalten und an den Strukturen ändert, aber dort muss sich etwas ändern, wenn die Gesamtkonjunktur anziehen soll.

Frage: Können wir die Konjunkturwende beschleunigen?

Händeler: Wie lange die schwierigen Jahre dauern, hängt davon ab, wie lange wir brauchen, uns im Denken und in der Organisation umzustrukturieren. Es sollten also so viele wie nur irgend möglich diese Zusammenhänge weitererzählen und sich Gedanken darüber machen, was das konkret für die einzelnen Arbeitsplätze bedeutet.

Frage: Warum muss ein Vertriebsverantwortlicher Ihr Buch „Die Geschichte der Zukunft“ lesen?

Händeler: Damit er den Überblick wiederbekommt. Manche sagen mir: Danach konnten sie wieder tief durchatmen, weil es die ganzen Negativschlagzeilen entmythisiert.

Das Interview führte Michael Ehlers,
verkauf@michaelehlers.de
www.der-rhetoriktrainer.de
für die Zeitschrift *Convention* (Auszug)

Kapitel 6

Der Zukunfts-Schlüssel

Es geht nicht um Strukturen oder eine Stunde mehr Mathematik, sondern um Dinge, die man nicht einfach kaufen und auch nicht organisieren kann: Wertschätzung von Bildung, den Sinn hinter der Lern- und Leistungsmotivation, eine Kultur des gegenseitigen Förderns, des langfristigen Investierens von Zeit und Mühe.

Manche halten die Forderung für ziemlich unanständig, Schule solle sich nach den Bedürfnissen der Wirtschaft richten. Denn schließlich sei Bildung ein Wert an sich, Wirtschaft dagegen kein Selbstzweck: Wirtschaft diene der Gesellschaft, ihren aktuellen Bedürfnissen. Diese Sichtweise ist eine gute Ausrede, um sich nicht bewegen zu müssen: Denn was die Gesellschaft gerade an Kompetenzen und Ressourcen braucht, um ihre Probleme und ihre jeweilige Knappheit zu überwinden, das ändert sich. Jeder lange Strukturzyklus hat seine eigenen Erfolgsmuster. Er benötigt neue Bildungsinhalte und neue Schultypen, die sich in der Regel nach einigem Versuch und Irrtum herausbilden – leichter wäre es, sich bewusst an dem neuen Kondratieffzyklus zu orientieren. Die Gewerbeschulen waren z. B. eine Reaktion auf den Bedarf, der durch die vielen neuen Firmen im Gefolge des Eisenbahnbaus entstand, die Technischen Universitäten wurden während der Elektrifizierung gegründet. Je länger diese Anpassungen auf sich warten lassen, umso länger dauert der Kondratieffabschwung. Die aktuelle Unruhe im Bildungswesen – Pisa-Studie, Gerangel um bestimmte Fächerstunden, Noten in den ersten Jahren abschaffen oder nicht – zeigt, wie das Ende des fünften Kondratieffs in der Schule angekommen ist. Der Reformdruck, sich auf neue Erfolgsmuster einzustellen, ist für alle zu spüren, ohne dass Einigkeit besteht, wohin denn eigentlich reformiert werden solle.

Das sollte sich bald ändern. Denn Aus- und Weiterbildung ist der Schlüssel für die meisten unserer Probleme: Rentensystem, Krankenversicherung, Staatsverschuldung, Arbeitslosigkeit, demografische Probleme, Gerechtigkeit und Frieden in Ländern der Südhalbkugel, politische Stabilität. Eine Gesellschaft hat nur dann genug Ressourcen, um ihre Probleme zu lösen, wenn sie zuvor über einen langen Zeitraum hinweg genug Kompetenzen aufgebaut hat, die gerade aktuelle Knappheitsgrenze zu überwinden. Unsere Arbeitslosigkeit drückt nicht aus, dass die Löhne zu hoch sind oder dass es an Arbeit fehlt. Sondern dass es nicht genug Menschen gibt, die das effizient können, was gerade nötig ist, um die anfallenden Bedürfnisse zu erfüllen.

Die Leute glauben immer noch, ihre Altersversorgung hinge allein davon ab, ob sie genug Geld eingezahlt oder gespart hätten – in Wirklichkeit hängt ihre Altersversorgung davon ab, ob es in unserer Gesellschaft genug Menschen geben wird, die die Probleme lösen können, die sie haben werden, wenn sie alt sind (Gesundheit reparieren, Treppenlift einbauen, Hörgerät konstruieren, altengerechtes Essen zubereiten). Denn wenn es diese Menschen nicht gibt, weil sie entweder nicht geboren oder nicht ausgebildet werden, dann werden die Löhne der vorhandenen Arbeiter unermesslich steigen und das ersparte Geld wenig wert sein. Die Leute glauben immer noch, die immense Staatsverschuldung sei ein großes Problem. Dabei ist das eigentliche Problem dahinter die Frage, ob wir in 20 Jahren noch Menschen in unserer Gesellschaft haben werden, die leistungsstark genug sind, die Zinsen dafür zu erwirtschaften. Die eigentlichen Staatsschulden sind also nicht das geliehene Geld, sondern das nicht oder falsch investierte Bildungskapital, mit dem wir uns im nächsten Strukturzyklus wiederfinden werden. Unsere künftige Haushaltslage hängt davon ab, ob wir es versäumen, die Kinder ausreichend neugierig, verantwortlich, kooperativ, rechtsverbunden, effizient und kreativ auszubilden. (Was uns im Moment nicht gelingt, weil zwei Drittel aller Unternehmen schon jetzt Schwierigkeiten haben, qualifiziertes, geeignetes Personal zu finden.)

Aus- und Weiterbildung ist der Schlüssel zur Lösung für die meisten unserer Probleme.

Deswegen haben Schule und Bildung sehr wohl den Anforderungen der Wirtschaft zu dienen – weil diese den Bedürfnissen der Gesellschaft dient. Allerdings gibt es da und dort auch eine große Lücke zwischen dem, was Verbandsvertreter für Interessen der Wirtschaft halten, und dem, was die Interessen einer nachhaltigen, langfristig wohlhabenden Volkswirtschaft auf der Entwicklungsstufe einer Informationsgesellschaft ausmacht: Es geht gar nicht um noch mehr Stunden von diesem oder jenem Kernfach, es geht nicht um längeren Unterricht – der Terminkalender der Schüler ist schon jetzt so voll, dass sich kaum mehr als zwei auf einen Nachmittag einigen können. Es geht nicht um Strukturen und um Geld, sondern um Dinge, die man nicht einfach kaufen und auch nicht organisieren kann: Wertschätzung von Bildung, den Sinn hinter der Lern- und Leistungsmotivation, eine Kultur des gegenseitigen Förderns, das langfristige Investieren von Zeit und Mühe. Kurz: Es geht um einen produktiveren Fluss von Information, um ein produktiveres Bildungswesen, um eine produktivere Gesellschaft. Bildung ist eine kulturelle Leistung – wie die Wirtschaft als Ganzes auch.

Das Knappheitsfeld nach dem Ende des fünften Kondratieffs ist, dass wir nicht effizient genug mit Informationen umgehen, weil wir zu wenig wissen, um ein Problem zu lösen, weil wir nicht motiviert sind, unser Wissen einzubringen, oder weil schlechte soziale Beziehungen verhindern, dass wir die arbeitsteiligen Ergebnisse der Informationstätigkeit zusammenführen. Am Ende des schulischen Strukturwandels steht nicht der gehorsame, dressierte Industriearbeiter (bis zum vierten Kondratieff), auch nicht der sich selbst verwirklichende Individualist, der nach der Aufhebung allgemein gültiger gesellschaftlicher Konventionen hauptsächlich seine Interessen verfolgt (fünfter Kondratieff), sondern die selbstständige, verantwortliche Persönlichkeit, die sowohl strukturierte Arbeit effizient erledigt als auch mit anderen kooperativ und kreativ zusammenarbeitet (sechster Strukturzyklus). Neu daran ist auch, dass immaterielle Investitionen in Menschen das finanzielle Gewicht bekommen, das früher Stahlwerke oder große Autofabriken beansprucht haben. Wenn wir in 20 Jahren mit 30-jährigen Menschen leben wollen, die über mehrere Firmen und Länder hinweg mehrsprachig ein Projekt organisieren können, von Naturwissenschaft eine Ahnung haben und von Kultur und Geschichte, dann müssen wir den Zehnjährigen heute ehrlich sagen, dass sie sich die nächsten 20 Jahre unter Zeit- und Konsumverzicht zur Decke werden strecken müssen – Konsumverzicht nicht nur in Form von Geld, sondern auch in Form von Fernsehberieselung und Gedankenenergie. Wir werden als Erwachsene viel mehr in Bildung investieren müssen als unsere Vorgängergeneration, und es wird vor allem auch eine andere Art von Bildung sein – eine, die sich an den Erfolgsmustern des sechsten Kondratieffs orientiert.

Wissensarbeiter müssen in Zukunft die Informationsflut besser bewältigen – mit breitem Weltwissen, hoher Sprachkompetenz, raschem Verstehen von Texten und der Fähigkeit, Wichtiges von Informationsmüll zu unterscheiden. Wer heute dagegen viel fernsieht, liest seltener, drückt sich schlechter aus. Das geringe Lesetempo führt dann dazu, dass man längere Texte meidet. Lust am Lesen lässt sich jedoch nicht verordnen, sondern nur fördern: Gutenachtgeschichten vorlesen, Bücher schenken, über Bücher reden, in der Buchhandlung oder Bücherei stöbern. Und Tageszeitung lesen. Eine Zukunftsaufgabe ist, zum Lesen zu animieren – das macht nur noch jedes vierte Elternhaus. Die verschlechterte Familienqualität, die Sprachlosigkeit im Elternhaus verringern die Lesefähigkeit. Dabei lernt man denken allein durch kritisches, verarbeitendes Lesen. Wem das fehlt, der kann einem Text so genannte verschlüsselte Informationen oder Nebenbotschaften nicht entnehmen – das ist eine wesentliche Voraussetzung dafür, etwas zu hinterfragen.

Mehr Zeit für Bildung ist notwendig.

Das wurde bisher zu wenig gefördert, der Unterricht besteht zu 80 Prozent aus frontal gehaltenen Monologen des Lehrers. Dabei strampelt er sich vergeblich ab, die träge Masse in Bewegung zu bringen. Der Stoff wird vorgelegt, geschluckt, abgehakt, vergessen. Am meisten lernt der Mensch jedoch, wenn er selber etwas macht: Pflanzen sammeln und einordnen, Theater spielen, Texte zitieren, selber mitdenken und zu eigenen Fragen kommen – am wenigsten lernt er durch sechs Stunden körperlich gefesseltes Zuhören, unsystematisch vernetzt, ohne Sinnzusammenhang und damit unzureichend im Gedächtnis verankert. Wenn die Frage der Kitt ist, der die Wissenstrümmer zum Bild befestigt, dann hat der Lehrer Trichter für Fragen zu sein. Sein Erfahrungsvorteil sollte den Schülern die Spannung liefern, auf Entdeckungsreise zu gehen – und der Lehrer benotet die intelligentesten Fragen.

Nur so können Schüler einen größeren Wissensberg aufnehmen als früher – nicht mit noch mehr Unterricht und noch mehr Druck. Im Management hat man längst erkannt, dass das nicht noch mehr Leistung bringt. Viele Bundesländer dagegen reagieren auf das unbefriedigende Niveau mit mehr Druck und mehr Kernfächern und spielen mit dem Gedanken, „unnötige" Stunden in Musik, Sport, Kunst, Religion und neuerdings in Geschichte zu streichen. Wie fatal das ist, zeigt der Zusammenhang von Bewegung und Konzentrationsfähigkeit: Über die Hälfte der 8- bis 18-Jährigen hat Haltungsschwächen, Übergewicht, Bluthochdruck, Kreislaufprobleme. Wenn sie den ganzen Tag vorwiegend sitzend verbringen, dann ist die Antwort auf Pisa nicht noch mehr Unterricht und Lernen, sondern mehr Bewegung: Kinder müssen so viel wie möglich in der Nicht-Unterrichtszeit laufen, spielen, reden. Anstatt den Bewegungsdrang zu kanalisieren, verabreicht die Gesellschaft Psychopharmaka. Nur mit mehr Sport werden wir besser als bisher lernen können. Außerdem vermeidet Bewegung Gewalt. Musikunterricht stärkt das soziale Verhalten und fördert die Intelligenz, Kunst die Kreativität: In anderen Fächern ist das Resultat 33 gleiche Arbeiten, im Kunstunterricht sind es 33 individuelle originäre Lösungen. Das Fach Geschichte ist die Lehre über die Konsequenzen menschlichen Verhaltens, in Religion geht es um den größeren Sinnzusammenhang der eigenen Existenz, aus dem der Einzelne seine Verhaltensmaßstäbe ableitet. Das alles stärkt das „Ich".

Denn wie in der Wirtschaft läuft es auch in der Schule darauf hinaus, dass der Einzelne mehr Verantwortung für die Lösung von Problemen und für die Organisation sozialer Prozesse bekommt. Der Schüler wird vom Konsumenten zum Macher und Gestalter. Und dafür bietet die Schule die beste Spielwiese. Schüler können sich zu Firmen zusammenschließen und der Schule Dienstleistungen anbieten. Wer mit 15 Jahren eine Firma betreibt, der hat davon mehr Nutzen als von den Details eines Faches, in dessen Sphären er sich später nicht mehr bewegt: Er übernimmt Verantwortung, muss sich mit Mitarbeitern und Kollegen einigen, hat einen anderen Bezug zu seinem Lernumfeld. (Solche Leute gründen dann später eine eigene Firma und schaffen Arbeitsplätze.)

Und warum sollten dabei nicht Schüler der oberen Jahrgangsstufen Übungsgruppen der Unter- und Mittelstufen ergänzend betreuen. Erstens ist es oft so, dass ältere Schüler den Stoff besser erklären können als jemand über 30, zweitens wäre die Betreuung der übenden jüngeren Schüler intensiver, drittens lernt man nie mehr als dann, wenn man einem anderen etwas erklären muss, und viertens schafft das eine Kultur, in der man andere fördert und unterstützt, es schafft eine Atmosphäre der Gemeinschaft an einer Schule, ein Umfeld, in dem man gerne lernt und der Geist sich auf eine Sache konzentrieren kann, ohne sich ständig um seine Selbstbehauptung kümmern zu müssen (auch das ist eine Parallele zum Paradigmenwechsel in der Arbeitswelt). Die Absolventen dieser Schule könnten in der Wirtschaft vom ersten Tag an Leistung bringen. Leistung jedoch bezieht sich immer auf ein Ziel (hat also mit Sinn zu tun), das einen motiviert, sich über längere Zeit auf ein Problem zu konzentrieren und dicke Bretter zu bohren.

Jeder Einzelne muss mehr Verantwortung übernehmen.

Auch Motivation ist kein Schulproblem: Die größten Probleme, sich zu motivieren, haben die Erwachsenen. Nicht umsonst lebt eine ganze Reihe dubioser Motivationstrainer von dieser Knappheit, und der Anteil der Mitarbeiter, die innerlich gekündigt haben, wird in der Wirtschaft auf über 40 Prozent geschätzt. Bevor sie sich also um die Schule sorgt, sollte die Gesellschaft zugeben, dass sie selbst ein Sinnproblem hat. Sie liefert den Schülern zu wenig Antworten auf die Frage, was wertvoller sein sollte als der jetzige Konsum meiner Zeit und meiner Kraft.

In der Schule hat man bisher gelernt, was der Lehrer durchgenommen hat, damit man die nächste Prüfung besteht und selten, weil das etwas mit den eigenen Lebenszielen zu tun hat; das reduziert den real gelernten Stoff. Das sinnorientierte Führen, das die Wirtschaft der Informationsgesellschaft künftig praktiziert, braucht einen Spiegel in der Schule: sinnorientiertes Lernen. Der 15-Jährige soll vor Augen haben, dass er sich bis zum Schüleraustausch nächstes Jahr mit einer englischen Familie über sein Leben unterhalten können soll, dass er diese Gleichungen deswegen lösen muss, weil es in der Betriebswirtschaft oder in den Naturwissenschaften diese oder jene Anwendung gibt, und er sollte diesen Zusammenhang in der Biologie verstanden haben, weil es da um seine eigene Gesundheit geht. In dem Moment, wo man den Lernstoff in sein reales Leben einbinden kann, steigt die Motivation, sich in den Stoff hineinzudenken.

Dabei wird sich jeder durch andere Sinnzusammenhänge motivieren, je nach seinen Lebenszielen und Begabungen. Auch in der Wirtschaft der Informationsgesellschaft ist der Einzelne nicht mehr das austauschbare Rädchen an der Maschine. Es kommt darauf an, dass die verborgenen Begabungen jedes Menschen sichtbar werden – und für das ganze Unternehmen nutzbar. Das entspricht dem, was sich parallel in den ressourcenorientierten neuen Therapierichtungen in der Psychotherapie entwickelt: Anstatt darauf zu schauen, was einem fehlt und wo man versagt, schaut sie darauf, was man hat und kann. Auch die verlorenen Potenziale von Schülern sind ein Verlust.

Geht es uns zu gut? Motivation als Problem.

Lehrer bekommen damit im sechsten Kondratieff die Aufgabe, viel intensiver hin- und in Schüler hineinzuschauen, um ihnen zu helfen, ihre Begabungen zu entdecken, die wichtig sind für die Fähigkeit der Gesellschaft, Probleme zu lösen. So wie die Wirtschaft Personalgespräche führt, sollten auch Schüler mit ihren Defiziten und Talenten von ihrem Schulleiter oder erfahrenen Lehrern durchgecheckt werden (wie in einem vorgezogenen Bewerbungsgespräch) – das senkt auch die Quote derer, die durchfallen, und legt mehr Hochbegabungen frei. Außerhalb der Neid-Gesellschaft wird man sich an deren Leistung freuen, anstatt sie als Beleidigung des eigenen Selbstwertes zu empfinden. Hochbegabtenförderung bekommt dann einen ganz anderen Stellenwert: Sie ist völlig normal, weil nur eine andere Form von etwas, was jedem zuteil wird. Das Zeugnis sollte dann mehr wiedergeben als Kriterien, wie gut jemand in ein Raster passt, sondern individuelles Verhalten, Teamfähigkeit und Begabungen stärker berücksichtigen.

Denn den standardisierten Mitarbeiter für standardisierte Aufgaben – den brauchen wir so nicht mehr. Eine Volkswirtschaft, in der immer weniger nur die Anweisungen des Chefs ausführen, sondern immer mehr selber gestalten, unternehmerisch denken und handeln müssen, benötigt den selbstständigen Informationsarbeiter, der seinen eigenen Standpunkt sachlich und ethisch überprüfen und nach außen vertreten kann. Nur dann, wenn sie mit ihrem Chef und den Kollegen konstruktiv um die bessere Lösung ringen, werden die Potenziale aller genutzt. Wie jeder Abteilungsleiter oder Behördenchef der Zukunft muss der Lehrer daher seine Autorität jeden Tag neu erwerben. Das Problem ist doch längst, dass viele Jugendliche zwar undiszipliniert, aber in der Sache nicht aufmüpfig, sondern zu anpassungsbereit sind. Es gehört Mut dazu, dem Lehrer sachlich und fair zu widersprechen, wenn er Unrecht hat oder sein Verhalten zu kritisieren ist. Sie sind kaum in der Lage, einen eigenen selbstbewussten Standpunkt zu entwickeln und sich selbst dessen sachlich so zu versichern, dass sie ihn selbst gegen die Fachautorität des Lehrers oder die Klassenöffentlichkeit vertreten.

Sich seinen Standpunkt erarbeiten zu können ist deshalb so wichtig, weil es in Zukunft kaum noch Menschen mit identischen Qualifikationen geben wird, sie also immer weniger austauschbar werden. Die Ausbildung der Informationsarbeiter orientierte sich bis in den fünften Kondratieff an der Spezialisierung der Fabrikarbeiter. Weil die Wirklichkeit aber etwas Ganzes ist, müssen Probleme künftig fachübergreifend gelöst werden. Die Wirtschaft der Zukunft braucht daher Mitarbeiter, die an den Schnittstellen bislang getrennter Wissens-Fürstentümer arbeiten können: Zwischen Biologie und Informatik, zwischen Finanzwelt und Öffentlichkeitsarbeit, Gesundheit und Management, Internet und Gebäudetechnik, Mechanik und Elektronik. Informatiker sollen sich auch mit Darstellungsformen auskennen, Kommunikationsexperten etwas von Technik verstehen. Vielseitige Berufe wie der Wirtschaftsingenieur haben Aufwind. Der Generalist kann besser als der reine Spezialist Zusammenhänge erkennen, Wissen vernetzen und in der Praxis bestehen, was auch ihm mehr Spielraum verschafft.

Das Problem: Umgang mit Information ist in der Regel Umgang mit anderen Menschen, die man unterschiedlich gut kennt, unterschiedlich gerne mag und unterschiedlich gut versteht. Das wirklich Neue an der Informationsgesellschaft ist die Notwendigkeit, unabhängig von der hierarchischen Ebene sachbezogen in derselben Augenhöhe zusammenzuarbeiten. Teamarbeit – mit den Fähigkeiten, kritisch mitzudenken, bessere Vorschläge zu machen, sich in den Gesamtprozess einzufügen – ist ein totaler Paradigmenwechsel, wenn man sich vorstellt, wie langsam sich Gesellschaften ändern und aus welcher autoritären Struktur das deutsche Erziehungswesen kommt. Die Gegenreaktion zum Militarismus zertrümmerte die frühere Gruppenkonformität: Der Lehrer sollte „politisch korrekt", sprich absolut wertneutral sein und nur noch reines Wissen vermitteln. Doch wenn alle Wertorientierungen nebeneinander gleich gültig sind, dann darf man sich nicht wundern, wenn den Leuten alles gleich-gültig wird. Eine Gesellschaft, die mit juristischen Fallstricken und mangelnder Loyalität den Pädagogen immer mehr Möglichkeiten aus der Hand nimmt, für Aufmerksamkeit und eine disziplinierte Arbeitsatmosphäre im Klassenzimmer zu sorgen, muss damit rechnen, dass das Leistungsniveau der Schüler sinkt und genervte Lehrer das Handtuch werfen, weil sie es mit Methoden des Infotainments allein nicht schaffen, sechs Schulstunden am Tag die Schüler bei Laune zu halten.

Jetzt haben wir den Einzelnen befreit von der Diktatur staatlicher, religiöser oder familiärer Zwangsvorgaben, aber tun uns schwer, einen gemeinsamen Konsens zu finden. Das ist wie bei der Geschichte vom Turmbau zu Babel: Wenn jeder eine andere Sprache, und zwar seine eigene Sprache spricht, ist es nicht mehr möglich, sich mit anderen zu verständigen. Das Gemeinwesen bricht auseinander. Das Defizit ist erkannt, aber es fehlt an einem verbindlichen Konzept, es abzustellen: Heute wird wieder vom Lehrer erwartet, über das Lehren hinaus auch zu erziehen, wobei sich der weltanschaulich weitgehend neutrale Staat mit einem verbindlichen Leitbild schwer tut. Wenn ein Schüler gewalttätig ist, dann nicht, weil die Schule versagt, sondern weil er unter familiären Problemen oder unter einem gestörten Selbstwertgefühl leidet. Die Öffentlichkeit sieht allmählich ein, dass Schule nicht Defizite in den Familien reparieren kann. Keine Schule kann Zielstrebigkeit, Disziplin und soziale Kompetenzen beibringen oder sogar gute Manieren, wenn das Elternhaus das für überholte Werte hält. Wie beim Eisenbahnbau wird der Druck dazu aus der Wirtschaft kommen.

Deswegen werden wir Teamarbeit schon in der Schule praktisch trainieren. Ein Schuldirektor hat Teamarbeiten in der Klasse abgelehnt mit der Begründung, dann würde immer ein Schüler in der Gruppe gar nichts tun. Das ist richtig. Nur: Genau dieses Problem taucht jetzt in der Berufswelt auf – dort gehen die Konflikte in Teams gerade erst los, weil ein Teil des Lohnes von der Teamproduktivität abhängt, während manche auf Kosten aller nur das Nötigste tun. Wenn wir nicht schon in der Schule lernen, wie wir gemeinsam etwas leisten, Reibungen austragen und Verantwortung übernehmen, dann werden wir uns in der Wirtschaft damit auch schwer tun.

Die Familie muss Zielstrebigkeit, Disziplin und soziale Kompetenz vermitteln.

Wahrscheinlich haben Konflikte in der Wirtschaft nach Einführung flacherer Hierarchien viel mehr zugenommen als in der

Schule, in der Jugendliche schon immer ihre Rangkämpfe ausgefochten oder ihre Wut an anderen ausgelassen haben, weil diese verhaltensauffällig, sensibel oder von den Eltern überbehütet waren. Wie in der Wirtschaft werden Jugendliche an einigen Schulen zu Streitmediatoren ausgebildet, die erst sachlich und fair die Vorgeschichte und die Interessen aufdecken und dann eine einvernehmliche Lösung finden – mit guten Erfolgen. Damit lernen Schüler ab dem zehnten Lebensjahr, eine Gruppe pragmatisch zu organisieren und Konflikte fruchtbar auszutragen.

Nachdem es keine allgemeingültigen Verhaltensregeln mehr gibt, müssen Firmen ihre eigenen internen Verhaltensregeln festlegen – das kommt auch auf die Schulen zu. Wichtig ist, dass den Schülern kein Regelwerk vorgegeben, sondern dass es von allen Betroffenen gemeinsam entwickelt wird. Sie selbst legen fest, wie sie miteinander umgehen wollen, welche Sanktionen bei Verstößen gelten. Wer sich bewusst für bestimmte Werte und Regeln entscheidet, wird sie auch freiwillig befolgen. Außerdem nimmt das den Wind aus den Segeln der Mobber, weil sie durch ihr Verhalten keine Macht mehr gewinnen, sondern an Prestige verlieren.

Diese Fähigkeit, mit anderen effektiv und mit wenig Reibungsverlusten Probleme zu lösen, umfasst nicht nur Gruppenmitglieder, sondern alle Beteiligten – sogar Lehrer. Diese geben jedoch noch ein schlechtes Beispiel ab: Deutsche Lehrer wurden traditionell zum Einzelkämpfer ausgebildet, zu Beamten, die an einer staatlichen Anstalt dienen. Fachvertreter äußern sich negativ über die Kollegen anderer Fächer, Lehrer desselben Fachs streiten um die Rangordnung in ihrer Fachschaft, im Lehrerkollegium gilt die alte Hackordnung. Die Administration ist gegen Kritik von unten abgeschirmt – das demotiviert die Lehrer. Eine Bildungsreform, die das größte wirtschaftliche Knappheitsfeld Kooperationsfähigkeit erschließt, verändert auch die Lehrer.

So wie Manager zum Dienstleister ihrer Mitarbeiter werden, sollten neue Schulleiter ausgesucht werden, die sich gegenüber dem Ministerium, den Schülern und Lehrern gleichermaßen verantwortlich fühlen. Wie in der Wirtschaft müssen Schulleiter künftig ihre Lehrer fordern und fördern. Die Wirklichkeit steigender Gesundheitskosten und Überalterung zwingt uns, die vorhandenen Lehrer so zu stärken, dass sie gesund bleiben und motiviert länger arbeiten, und das Ansehen dieses Berufs so zu steigern, dass sich geeigneter Nachwuchs findet. Was die Arbeit der Lehrer wert ist, wird erst deutlich, wenn der Bildungsmarkt in der fortgeschrittenen Informationsgesellschaft zu einer der größten Wirtschaftsbranchen wird. An den Universitäten wird schon offensichtlich, wie knapp problemlösungsrelevante Bildung ist. Die größten Ressourcen entgehen der Weltwirtschaft wohl derzeit in den armen Ländern: Dort werden Spitzentalente geboren, die nie die Chance haben, eine richtige Schule zu besuchen – ein Produktivitätsverlust ohnegleichen.

Kapitel 7

Investieren in Menschen

Große Kursstürze an den Börsen sind alle paar Jahrzehnte normal, wenn sich ein technologisches Netz weitgehend vollständig ausgebreitet hat. Die Kurse werden sich nun in den nächsten Jahren seitwärts bewegen. Bis Firmen tatsächlich wieder mehr wert werden, weil sie in alles investieren, was Informationsarbeit produktiv macht.

Jahrzehntelang hat man den Bankern die Füße geküsst, bis sich plötzlich weltweit alle zum selben Zeitpunkt entschlossen, gierig zu werden und unseren Wohlstand zu verzocken. Deswegen sind sie schuld, dass nun die Realwirtschaft leidet und weniger Autos gekauft werden – so nimmt die Öffentlichkeit die Krise von 2009 wahr. In Wirklichkeit war es ganz anders: Der Computer steigerte seit den 80er Jahren unsere Produktivität enorm, hat beim Arbeiten Zeit und Ressourcen eingespart, deshalb neue Investitionen rentabel gemacht und neue Arbeitsplätze geschaffen. Das funktionierte bei uns bis kurz nach der Jahrtausendwende, danach noch in den Schwellenländern. Doch irgendwann hat sich jedes technologisches Netz weitgehend ausgebreitet. Wer jetzt sein Geld in der realen Wirtschaft investieren wollte, fand dafür keine rentable Möglichkeit mehr, die Zinsen waren niedrig, näherten sich der Null. Wenn Aktienkurse innerhalb kurzer Zeit explodieren, bedeutet das nicht, dass die Firmen plötzlich so viel mehr wert geworden wären, sondern dass es in der realen Wirtschaft keine rentablen Möglichkeiten mehr gibt, sein Geld (festverzinslich) zu investieren, weil ein bislang dynamisch wachsendes technologisches Netz ausgereift ist. Und was macht man dann mit dem freien Kapital, das nach Verwertung sucht? Man gibt es aus für Spekulation, Rohstoffe (Öl) oder Immobilien. Das trieb deren Preise in bisher nicht gekannte Höhen. Das viele freie Geld reizte zu verantwortungsloser Kreditvergabe – Symptom für einen zu Ende gegangenen Strukturzyklus. Aber es war nicht die Ursache für den Einbruch der Wirtschaft. Die Blase platzt, weil in der Realwirtschaft zu spüren ist, dass die gewohnten Produktivitätsfortschritte ausbleiben. Preise und Gewinne werden herunterkonkurriert, es lohnt sich kaum, Leute zu beschäftigen und zu investieren, die Weltwirtschaft schwächelt und wartet auf den nächsten Schub. Für den Moment haben die Notenbanken die Situation beruhigt, indem sie Geld aus dem Nichts schöpfen und in die Märkte pumpen – was lediglich der Fallhöhe mehr Wucht gibt, aber nichts im realen Leben verändert.

Alles schon mal da gewesen: Dass plötzlich Gerüchte über märchenhafte Spekulationsgewinne selbst den kleinen Mann auf der Straße dazu bringen, Aktien zu kaufen, dass alle möglichen Leute Finanzmakler werden, dass es angeblich eine neue Aktienkultur gibt, dass eine Reihe von neuen Anlegermagazinen auf den Markt kommt, dass alle Medien so gut an den Inseraten verdienen und die Banken an den Börsengängen. Schade für die, die ihr Geld verloren haben – es hätte die große Stunde der Wirtschaftshistoriker werden können.

Ob beim Börsenfieber 1873 vor dem Gründerkrach, der noch immer als ein Betriebsunfall der Geschichte gilt, oder beim „unerklärlichen" Absturz 1929 an der Wall Street – der Mechanismus ist immer derselbe: Zuerst gibt es einen langen Wirtschaftsaufschwung, weil ein neues technologisches Netz die Produktivität steigert. Dampfmaschine, Elektrifizierung oder Computer erhöhen die Gewinne querbeet durch alle Branchen und machen Investitionen rentabler. Ob in Wirtschaft oder Gesellschaft – alle brauchen zu Beginn eines neuen Strukturzyklus viel Geld, um sich die Dampfmaschine, das (Liefer-)Auto oder den computergesteuerten Roboter zu kaufen. Die Zinsen ziehen an, weil Finanzkapital schneller entliehen wird, als es gespart oder zurückgezahlt werden kann. Das macht aber nichts: Schließlich verdienen die Unternehmer mit der produktiveren Anlage auch besser als vorher und können die gestiegenen Realzinsen gut bezahlen. In der Regel bewegen sich in dieser Zeit die Aktien gemächlich zur Seite und sind nur für eine Minderheit ein Thema. Wenn Aktienkurse leicht steigen, dann deshalb, weil die neue grundlegende Erfindung die Firmen wirklich wertvoller macht. Zu kurzen Aktiencrashs kommt es auch, wenn die Basisinnovation in ihrem Aufstieg eine Wachstumspause einlegt oder wenn es innerhalb des neuen technologischen Systems zu einem internen Generationswechsel kommt, so wie 1987, als der Markt für Groß- und Universalrechner schrumpfte und die PCs auf die Überholspur gingen – binnen Jahresfrist ist dann aber alles wieder vergessen.

Doch irgendwann nach zwei Jahrzehnten ist das neue technologische System erschlossen, jeder Betrieb hat seine Dampfmaschine, das Eisenbahnnetz ist weitgehend fertig gebaut, Investitionen in dasselbe rentieren sich immer weniger. Der Bedarf an Kapital nimmt immer weiter ab, und am Ende tendiert der Zinssatz gegen null: Das ist vor der Börsenhausse 1929 in New York so, während und nach dem Gründerkrach von 1873, auch 1974 und in den 1820ern bei der Spekulation mit Rohstoffen, seit der Jahrtausendwende, mit Verzögerung durch den Boom in den Schwellenländern bis heute. Was soll ein Anleger in dieser Situation mit seinem Geld machen? Da sich feste Anlagen wegen der tiefen Zinsen nicht lohnen, fließt das Geld in den Spekulationsmarkt. Das ist der Grund, warum – für eine kurze Zeit – die Aktienkurse explodieren: Ein Vorgang, den Kondratieff schon 1928 beschrieben hat.

Nichts scheint den Markt dann aufzuhalten. Kursgewinne entfachen erst recht den Hunger auf noch mehr Profite. Nur in diesem Umfeld ist es dem Staat möglich, den Bürgern die Aktien der Deutschen Telekom mit großem Gewinn zu verkaufen. Aber die Aktien sind ja nicht deshalb gestiegen, weil die Unternehmen plötzlich so viel mehr wert geworden wären, sondern die Kurse sind unrealistisch aufgeblasen, weil es in der realen Wirtschaft keine lohnenden Investitionen mehr gibt: Ein noch schnellerer PC auf dem Schreibtisch macht uns nicht mehr nennenswert produktiver, der zusätzliche Nutzen durch IT wird geringer, der fünfte Kondratieffzyklus ist zu Ende – bald auch an der Börse, als die überbewerteten Kurse bröckeln. Am Anfang heißt es noch: Alles nur eine technische Korrektur von Überbewertungen. Niemand will den Absturz wahrhaben.

Geld fließt in den Spekulationsmarkt statt in Innovationen.

Doch der lange Absturz reißt alle mit: Lebensversicherer, Banken, Kreditbittsteller, Konsumenten, Rententräumer. Die Öffentlichkeit sucht nach Schuldigen: Insidergeschäfte, betrügerische Pleiten (Enron) und Bilanzfälschungen (wie bei Worldcom) hätten das Vertrauen der Anleger zerstört (auch das ist ein alter Hut und war 1873 mit Eisenbahnkönig Bethel Henry Strousberg auch nicht anders, der beim Bau der Pommerschen Centralbahn und der Berliner Nordbahn geschwindelt hatte). Nein: Solange die Kurse die Illusion vom mühelosen Reichtum am Leben erhalten, feiert jede Bank und jeder Kleinaktionär die getürkten Bilanzen freudig (und unkritisch), Betrügen fällt zu diesem Zeitpunkt leicht und wird beim Platzen der Blase zum letzten Ausweg – aber eben in dieser Reihenfolge.

Wenn sich nun der DAX dort einpendelt, wo er vor der Hausse stand, wird er sich im Wesentlichen seitwärts bewegen, je nach Eurokurs, Verzerrungen durch die Geldschwemme der Zentralbanken und Kosmetik der DAX-Zusammensetzung – zumindest so lange, bis die Firmen im nächsten Strukturzyklus wieder deswegen mehr wert werden, weil sie produktiver arbeiten. Während früher materielle Erfindungen wie Elektrizität oder Auto die Wirtschaft auf ein neues Wohlstandsniveau katapultierten, wird in der Wirtschaft der Informationsgesellschaft der Wohlstand davon abhängen, wie effizient die Wissensarbeiter zusammenwirken.

Denken in Quartalsjahrhunderten

Das verträgt sich nicht mit unserer Kultur im Topmanagement, das von seinen Shareholdern gezwungen wird, sich in Quartalszahlen zu verantworten. Wer da in Forschung, Entwicklung und Beziehungskapital investiert, steht in der heutigen Bilanzierung plötzlich schlechter da, obwohl die Wettbewerbsfähigkeit langfristig gestiegen ist – weil sie Immaterielles nicht erfasst. Der Autobauer Porsche macht bei diesem Wahnsinn nicht mit – und flog auch prompt aus dem Deutschen Aktienindex. „Der Zwang zur Vorlage vierteljährlicher Berichte behindert Unternehmen in der Verfolgung langfristig angelegter Strategien“, sagte Porsche-Chef Wendelin Wiedeking und prozessierte gegen die Bestimmung vor dem Kasseler Verwaltungsgerichtshof (er verlor). Unternehmen entwickeln sich eben normalerweise nicht in Quartalszyklen. Die Einzigen, die ein Interesse an Quartalsberichten haben, sind die Börsianer selbst: Denn mit jedem Quartalsbericht werden Aktien gekauft oder verkauft, steigen oder fallen die Kurse, bleiben Provisionen bei ihnen hängen. Das Quartalszahlenunwesen ist einzig eine Geldschneiderei für die Börsenbetreiber und unnötig wie ein Kropf: Kursrelevante Ereignisse müssen Firmen sowieso ad hoc veröffentlichen.

Bei manchen Investitionen ist es dagegen ganz normal, dass sie sich erst nach 20 Jahren auszahlen – und das sind die entscheidenden Investitionen. Ein Denken in Quartalszahlen mag in einer Börsenblase am Ende des Kondratieffzyklus angesichts der Gier aller Beteiligten unvermeidbar sein. Im langen Kondratieffabschwung dagegen werden auch große Aktiengesellschaften von der Realität eingeholt und gezwungen, langfristig zu denken. Dass viele Großaktionäre Versicherungen oder Banken sind, deren Vorstände wiederum nur überleben in Abhängigkeit von ihren Quartalszahlen, erschwert die nötigen Korrekturen.

Wenn den meisten klar geworden ist, dass sie es mit einem Kondratieffabschwung zu tun haben und die Situation im nächsten Jahr auch nicht viel besser sein wird, besteht eine Chance, die Maßstäbe zu ändern, mit denen Anleger Unternehmen und ihre Aktien beurteilen. Dann werden in einem langweiligen Börsenumfeld vor sich hin siechender Kurse nur diejenigen interessant, deren Unternehmenswert langfristig gepflegt wird – auf Kosten von kurzfristigen Gewinnen.

Im nächsten Strukturzyklus werden sich Aktien von Firmen rentieren, die in der Informationsgesellschaft am effizientesten mit Information umgehen, also weniger Ressourcen verlieren durch destruktive Streitereien, Statuskämpfe, Wichtigtuerei, fehlende soziale Kompetenz; Firmen, in denen ein belastbares gegenseitiges Vertrauen gewachsen ist durch Transparenz, Integrität und Verlässlichkeit; Firmen, die Jahre in ihre Mitarbeiter investieren, bis diese die Erfahrung haben, die Firma bahnbrechend weiterzubringen; Firmen, die in die umfassende Gesunderhaltung ihrer Leute investieren und deswegen auch produktivere Lösungen vorweisen. Den immateriellen Werten folgen dann die materiellen Werte, und Firmen ohne diese immateriellen Werte werden vordergründig zunächst ein „Kostenproblem" bekommen, bevor sie dann vom Markt verschwinden.

Worin also investieren? 1929 dauerte es auch 25 Jahre, bis die Kurse wieder den Wert von vor dem Crash erreicht hatten. Bis Innovationen wieder einen Kapitalsog erzeugen, wird es noch viele Jahre dauern; die Zinsen bleiben niedrig. Auch Immobilien sind in einem Land mit schrumpfender, überalternder Bevölkerung außerhalb der Ballungsräume keine wirklich gute Idee. Das Einzige, was knapp sein wird, sind Menschen: Menschen in Form von Mitarbeitern, in Form von Problemlösungs-Wertschöpfung, in Form von Nachbarschaftshilfe und in Form von Rentenbeitrags- und Steuerzahlern. Die gewinnträchtigste Investition ist die Investition in Menschen – Kinder, und zwar eigene wie fremde, Bildung, Gesundheit. Das Problem dabei ist nur: Wir können Menschen nicht besitzen, so wie wir früher materielle Produktionsmittel besessen haben.

Die Börse wird in Zukunft Unternehmen belohnen, die sich am ehesten auf die weichen Faktoren hin reorganisieren und die vor allem in Menschen investieren. Beim Blick in die Bilanzen bekommen dann neue Kriterien Gewicht: Krankenstand? Fluktuation? Verbindliche Streitkultur? Gesundheitsvorsorge? Wie zufrieden sind Kunden und Mitarbeiter? Der Wettbewerb, Bilanzen für die Produktivität der Informationsgesellschaft zu erstellen, ist hiermit eröffnet.

Kapitel 8

Der entscheidendste Standortfaktor

Während die öffentlichen (Standort)Debatten noch immer die Schlachten der alten Industriegesellschaft führen, sind es die Praktiker in den Unternehmen, die als Erste mit den neuen Spielregeln der Informationsgesellschaft konfrontiert sind.

In einer globalisierten Wirtschaft kann längst jeder überall Kapital aufnehmen, verfügt jeder per Internet schnell über alle Informationen und jedes Wissen, kann sich jeder auf einem freien Weltmarkt jede Maschine kaufen und seine Produkte weltweit vermarkten. Ob die Maschinen 100 oder 100.000 Teile herstellen, ist fast unerheblich geworden – der größte Teil der Wertschöpfung findet im gedachten Raum statt: Entwickeln, organisieren, planen, analysieren, vermarkten, in dieser gigantischen Informationsflut die Information finden, die man gerade braucht, um ein reales Problem zu lösen. Der entscheidendste Standortfaktor wird die Fähigkeit der Menschen vor Ort, mit Information umzugehen – und das ist in der Regel auch Umgang mit anderen Wissensarbeitern, Projektpartnern, Kunden, Kollegen.

Davon ist in den öffentlich geführten politischen Debatten wenig zu spüren. Kein Wunder: Mit welchen Methoden und Werkzeugen Menschen zu ihrer Zeit den Wohlstand produzieren, das kommt in den rein monetären Wirtschaftstheorien nicht vor. Für den Ökonomen Nikolai Kondratieff waren es aber gerade diese Veränderungen des realen Wirtschaftens, die Konjunktur und Firmengewinne bestimmen.

Nachdem nun die Jahre vorbei sind, in denen Computerhardware Produktion und Verwaltung in großen Portionen effizienter machte, wird seine Theorie der langen Konjunkturwellen wieder relevant: Demnach entwickeln sich an den Knappheiten von heute die Strukturen und Märkte von morgen. Was sind heute die größten wirtschaftlichen Knappheitsgrenzen? Überall in der Welt explodieren die Krankheitskosten. Nach über 200 Jahren Industrialisierung bremsen gesundheitliche und ökologische Schäden die Gesellschaften, sich wirtschaftlich weiterzuentwickeln. Vor allem chronische Komplexkrankheiten, Allergien, vegetative Störungen und psychisch bedingte Leiden beeinträchtigen die kreativen und produktiven Beziehungen des Menschen zu seinem sozialen Umfeld – privat und in der Arbeit. Die Schäden für die gesamte Volkswirtschaft verdeutlichen: Der vermeintliche Kostenfaktor Gesundheit wird der künftig entscheidende Produktionsfaktor für die Wirtschaft in der Informationsgesellschaft – eine wirtschaftliche Macht.

Dass Gesundheit der Wachstumsmotor im nächsten Kondratieff-Strukturzyklus wird, wie es Leo Nefiodow schon Mitte der 90er Jahre prognostizierte, wurde von manchen missverstanden. Sie warten jetzt immer noch auf materielle Erfindungen wie früher die Dampfmaschine, um die Wirtschaft anzutreiben. Sie hoffen darauf, das bekannte Erschöpfte durch etwas ersetzen zu können, in dem auch irgendwie das Wort „Technologie" vorkommt. Doch es wird in Zukunft keine Maschine mehr geben, die unsere Gedanken produktiver macht. Was an Hardware zu dem nächsten Aufschwung beitragen wird – Gentechnik, Nanotechnologie in der Medizintechnik, Umwelt und Ressourcen schonende Verfahren, andere materielle Gesundheitsinvestitionen –, ist nur das dienende Drumherum um die größte Knappheit: Intelligente, strukturierte, kooperative Informationsarbeiter und ihre produktive Lebensarbeitszeit. Das ist etwas Immaterielles in einer Wirtschaft mit zum größten Teil immaterieller Wertschöpfung. Auch Gesundheit hängt zunehmend von immateriellen Faktoren ab: Ob sich die Leute am Arbeitsplatz mit ihrem Sozialverhalten gegenseitig krank machen, ob sie ohne Lust an ihrem Leben ihre Arbeit verrichten oder eine schlechte Gedankenhygiene betreiben.

Ökonomisch relevant sind in Zukunft jene Zeit und Kraft, die nötig sind, bestimmte Informationsarbeiten zu bewältigen – ein Projekt managen, eine neue Maschine konstruieren, eine Situation analysieren. Das dazu nötige Wissen kann kaum noch ein Einzelner überblicken. Firmen sind auf das Wissen aller angewiesen. Fachkompetenz ist nicht mehr wie früher oben, sondern sie ist unten auf der Ebene der Sachbearbeiter zu finden. Es gibt kein Zurück: In der Informationsgesellschaft gehört das entscheidende

Produktionsmittel nicht mehr der Firma, sondern den Mitarbeitern. Mit Befehlen und Strafen kann man Wissensträger einschüchtern, aber sie werden ihr Bestes dann schön für sich behalten. Je höher jemand in der formalen Hierarchie aufsteigt, umso mehr ist es seine Aufgabe, Ressourcen und Informationsfluss zu moderieren und die Menschen mit ihren Stärken einzusetzen. Deswegen haben wir in den 90er Jahren flache Hierarchien eingeführt: Nicht aus Mode, sondern aus der Knappheit heraus, Wissen besser anzuwenden.

Informationsarbeiten sind in Zukunft ökonomisch relevant.

Preisunterschied = Verhaltensunterschied

Nur: Die Menschen der Industriegesellschaft sind dieselben geblieben. Sie ändern ihr eingefahrenes soziales Verhalten langsamer, als man ihre Betriebsorganisation samt offizieller Spielregeln verändert. Zahl und Komplexität der Schnittstellen haben sich enorm vergrößert, die psychischen Schichten der Mitarbeiter sind stärker berührt: Plötzlich wurde Mobbing ein Thema, fast die Hälfte der Mitarbeiter hat innerlich gekündigt, Angst kostet die deutsche Volkswirtschaft etwa 75 Milliarden Euro. In der Arbeitswelt der Informationsgesellschaft bricht das uralte Problem auf, dass sich Männer und Frauen wegen ihrer unterschiedlichen Kommunikation oft nicht verstehen, dass sich Junge und Alte überwerfen und dass wir keine sachliche und faire Umgangskultur haben. Die Menschen werden sich noch lange schwer damit tun, die notwendige Freiheit des Informationsarbeiters konstruktiv einzusetzen: Videoauswertungen des Kölner Professors Winfried Panse haben gemessen, dass die Teilnehmer 80 Prozent der Gesprächszeit benutzen, um die eigene Position zu verteidigen.

Das ist der Grund, warum die Menschen im Unternehmen derzeit so verunsichert sind und die Organisationen so instabil: Wir befinden uns im Umbruch zwischen zwei Kondratieff-Strukturzyklen, in denen verschiedene Erfolgsmuster gelten. Was in dem einen half, kann in dem anderen kontraproduktiv wirken. Unsere alten Unternehmensstrukturen lösen sich auf. Doch die neuen sind noch nicht gefunden. Wir wissen zwar, wie wir Mitarbeiter technisch vernetzen, aber wir sind schlecht auf die Anforderung vorbereitet, Beziehungen produktiv zu gestalten. Das hat nichts mit Fachwissen zu tun oder mit Organisationsstrukturen, sondern damit, wie weit das Verantwortungsgefühl eines Menschen reicht oder ob man ausreichend selbstbewusst ist, ohne Statussymbole und firmenöffentliche Machtbeweise auszukommen. Letztlich ist dies ein ethisches Problem.

Hinter den Preisunterschieden gleicher Produkte verschiedener Firmen stecken Produktivitätsunterschiede – und das sind künftig in erster Line Verhaltensunterschiede. Die innere Firmenkultur schlägt auf den Kunden durch: Er spürt auch die Botschaften zwischen den Zeilen. Er erlebt, ob er sich auch in schlechten Zeiten auf eine Partnerfirma verlassen kann, ob er zur Familie gehört, ob dort der kurzfristige Gewinn zählt oder das langfristige gemeinsame Überleben.

Wer heute etwas Geniales vorschlägt, aber zu fünf Prozent irrt, den nageln wir fest bei den fünf Prozent, anstatt den guten Gedanken aufzunehmen – denn das könnte ja dessen Status erhö-

Welche Ethik?

- Wahrhaftigkeit statt Manipulation
- Konflikte fair klären, statt zu unterdrücken oder gewaltsam auszufechten
- Beziehungen versöhnen statt abzubrechen
- Dienende Kultur statt interne Machtkämpfe
- Das gesamte Organisationswissen mobilisieren, statt eine Person oder Sichtweise von vornherein zu verabsolutieren
- Auch Fremdnutzen beachten statt nur den Eigennutz im Auge zu haben

hen. In Zukunft dagegen wird jeder seine schwankende Wichtigkeit ertragen, je nach tagesaktuellem Kompetenzbedarf. Heute signalisieren wir den anderen unterschwellig: „Wehe, du kritisierst mich, dann rede ich nicht mehr mit dir." In Zukunft überleben nur noch die, die der Wirklichkeit so nahe wie möglich kommen, weil sie Informationen über alle Sensoren wahrnehmen, für die nicht der Chef, sondern die Wirklichkeit der Chef ist.

Wer heute aus der Deckung tritt und Fehlentwicklungen anspricht, der wird schnell zum Einzelgänger; in Zukunft gilt er als jemand, der ein langfristig gesundes Firmenklima und eine redliche Entscheidungsbasis schafft. Wenn sich heute die anderen in der Abteilung streiten, halten wir zu dem, der uns nützlicher erscheint oder zumindest weniger bedrohlich; in Zukunft stärken wir den, der über seine eigenen Kostenstelle hinaus die größere Verantwortung verfolgt.

Die heutigen Spielregeln zwingen Manager, an Investitionen und Mitarbeitern zu sparen, um vordergründigen Gewinn auszuweisen; langfristig werden nur die überleben, die in Entwicklung und Menschen investieren und manchen Jahre Zeit geben, so zu reifen, dass sie die Firma bahnbrechend voranbringen. Heute nimmt ein Chef für sich auch die Fachkompetenz in Anspruch; morgen wird er sich beim Sachbearbeiter, der sich im operativen Geschäft besser auskennt, danach erkundigen, wie sich seine Entscheidung auswirkt. Heute „funktionieren" Mitarbeiter, wodurch der deutschen Wirtschaft ein Engagement entgeht, das den Umfang des Bundeshaushaltes erreicht; morgen wird der Chef sie fragen, mit welchen Ressourcen er ihnen dienen kann, damit sie optimal arbeiten können.

Wir verschweigen Konflikte oder tragen sie schließlich frontal zur Vernichtung des anderen aus, mit dem Recht des Stärkeren oder dessen, der den Vorstand besser kennt. Meinungsverschiedenheiten arten zu Machtkämpfen aus, die bis zur Rente anhalten und den Informationsfluss unterbinden. Unmengen an Energie verpuffen bei der Selbstbehauptung. Wer meint, daran werde sich nichts ändern, weil „der" Mensch eben „so" sei, der verkennt die formende Kraft einer andauernden ökonomischen Krise. Wer Informationsarbeit nicht ausreichend effizient löst, der bekommt vordergründig ein „Kostenproblem" und verschwindet demnächst vom Markt. Die Konjunktur wird erst dann wieder in Schwung kommen, wenn sich eine neue Kultur der Zusammenarbeit durchgesetzt hat. Zugegeben: Das kann lange dauern, so wie früher der flächendeckende Bau der Eisenbahn. Europa hat aber wegen seiner kulturellen Wurzeln einige Chancen, das neue Paradigma umzusetzen, während sich andere Gegenden der Welt damit zunächst noch schwerer tun werden: Wo man mit anderen nicht zusammenarbeiten will, weil sie „von einer niederen Kaste" sind, „Ungläubige" oder eben nur Frauen, oder wo man auf seinen Überindividualismus sogar stolz ist.

Wir brauchen eine neue Kultur der Zusammenarbeit.

Am weitesten verbreitet ist in der Welt noch ein Sozialverhalten, eine Ethik, die auf die eigene Gruppe bezogen bleibt wie die Jahrtausende zuvor – nationalistisch, rassistisch. Sie wird nun aufbrechen. In vielen Kulturen wird sich der Individualismus als neues Phänomen ausbreiten, als Folge selbstverantwortlicher Informationsarbeit, mit allen sozialen Verwerfungen. Dabei wird es nicht zu einem Kampf der Kulturen kommen, etwa an der Bruchstelle zwischen USA, islamischer Welt, Asien oder Europa. Sondern alle Kulturen geraten nun unter den ökonomischen Druck, effizienter mit Informationen umzugehen – das führt zu einem Kampf innerhalb der Kulturen, an den Fronten zwischen Gruppenethik, Individualethik und Universalethik. Das ist auch eine religiöse Auseinandersetzung, wohlgemerkt: Vor allem eine innenpolitische, eine innerreligiöse Auseinandersetzung. Doch sie trifft die Unternehmen mit ganzer Wucht: Schließlich sind sie ein Teil ihres gesellschaftlichen Umfeldes.

Kapitel 9

Gelassenheit in Vielfalt

Unsicherheit überall: Die Gesellschaft muss plötzlich alles überprüfen, was sie vorwärts brachte, solange sie mit Maschinen den materiellen Wohlstand steigern und Probleme lösen konnte. Die bisherigen Regeln und Erfolgsmuster bringen nicht mehr denselben Ertrag. Ist das, was und wie wir es bislang gemacht haben, auch in Zukunft so gut und richtig? Deswegen werden jetzt in vielen Lebensbereichen die Karten neu gemischt – auch für die Institution Kirche.

In der Wirtschaft der Informationsgesellschaft kommt es vor allem darauf an, das Wissen vieler zu vernetzen und im Ganzen zu nutzen. Dafür ist ein anderes Verhalten nötig als früher bei den gehorsamen, austauschbaren Industriearbeitern. Weil Verhalten aber immer etwas mit den Vorstellungen von dem zu tun hat, wofür und warum jemand etwas tut, bekommen Glaubensdiskussionen im öffentlichen Raum wieder einen besonderen Stellenwert. Das gilt für alle Religionen weltweit.

Individualismus ist gut – aber er reicht nicht

Denn Spiritualität ist immer in ihr wirtschaftliches Umfeld eingebettet: Was und wie Menschen arbeiten, das beeinflusst ihre Religiosität. In der Industriegesellschaft haben sie schon in der Schule blinden Gehorsam gelernt, weil sie am Fließband funktionieren mussten – sie haben meistens alles geglaubt, was der Pfarrer sagte, und so geprägte Menschen konnte man auch leichter in den Krieg schicken. Die nächste Verhaltensänderung kam mit dem Auto: Jetzt konnte man plötzlich seiner Familie und Nachbarschaft davonfahren, wenn die einem nicht passte. Und wenn einem der Pfarrer am Ort zu liberal oder zu konservativ war, ist man eben sonntags drei Dörfer weiter gefahren, weil einem da die Predigten besser gefallen. So hat sich der ökonomisch ermöglichte Individualismus heute auch in den Kirchen und Gemeinden ausgebreitet – mit allen inneren Spannungen. Im Moment leiden diese noch darunter – denn das Individuum ist der Feind der Institution. (Allerdings ist das auch ein notwendiger Schritt: Denn nur wer seinen Glauben individuell reflektiert, glaubt authentisch.)

Doch die negativen Erscheinungsweisen des Individualismus werden nicht auf ewig so bleiben wie heute – aus ökonomischen Gründen: In der Informationsgesellschaft ändern sich erneut die beruflichen Anforderungen an jeden, der da an Gott glaubt oder auch nicht. Das, was wir künftig arbeiten, ist vor allem Informationsarbeit im Kopf: Planen, organisieren, beraten, in der Informationsflut die Information suchen, die man braucht, um ein Problem zu lösen. Damit ist die Zeit vorbei, als wir Maschinen effizienter machen konnten, um mehr Wohlstand zu haben, den wir für Renten, Krankenkassen oder Schulen ausgeben konnten. Selbst der Computer macht uns nicht mehr wesentlich produktiver. Bei Stanzmaschinen wussten wir, wie wir sie produktiver machen, aber bei Menschen, die mit hochkomplexen Informationen arbeiten?

Informationsfluss zwischen Menschen

Da sitzen sie also, die Manager des 21. Jahrhunderts, und sollen die inneren Beziehungen im Unternehmen organisieren, den Informationsfluss zwischen oft launischen und unberechenbaren Menschen moderieren. Plötzlich lastet auf ihnen nicht mehr allein die Verantwortung für ökonomische Werte, sondern auch für das Vertrauenskapital. Ihr größtes Problem: Statuskämpfe, eine unfaire Streitkultur oder Mobbing kosten mehr, als verbesserte Maschinen bringen. Die meiste Zeit der Manager geht bei Meetings nicht für Sacharbeit, sondern für Verteidigung und Demontage der anderen drauf. Der Wohlstand der Zukunft hängt daher vor allem vom Sozialverhalten ab.

Doch in der Gesellschaft, die sie umgibt, hat sich inzwischen etwas verändert: Dort stehen ihnen keine allgemein anerkannten Verhaltensmaßstäbe mehr zur Verfügung. In diesem Vakuum sind die Unternehmen nun gezwungen, auf eigene Faust eine Wertewelt zu errichten. Sie versuchen es mit Firmenleitbildern, Visionen für die Zukunft des Unternehmens (als Antwort auf die Sinnfrage) oder Mobbing-Vereinbarungen. Dabei merken sie, dass man eine bestimmte Ethik nicht verordnen kann, sondern dass diese über einen sehr langen Zeitraum wachsen muss, und dass eben nicht jede Ethik das Zusammenleben langfristig gleich gut erleichtert. Irgendeine Kultur hat ja jedes Unternehmen, aber auf welchen ethischen Ansprüchen ruht sie? Und welcher gegenseitige Umgang ermöglicht produktivere komplexe Informationsarbeit? Wenn es um die Frage geht, was das Zusammenleben erleichtert und Sozialkapital bildet, gibt es durchaus ein klares „richtig" und „falsch".

Ihr seid die Ersten von morgen

Solange diejenigen die tollen Typen waren, die wussten, wie man eine Eisenbahn baut oder später ein Auto, solange der gesellschaftliche Fortschritt von denen kam, die wussten, wie man Computerbausteine zusammenlötet, solange waren ethische und religiöse Fragen aus dem gesellschaftlichen Leben vorwiegend ins Private verdrängt. In der Öffentlichkeit brach man fast ein Tabu, wenn man Glaubensfragen thematisierte. Das ändert sich nun mit dem neuen sozioökonomischen Paradigma, in dem immer komplexere Probleme in der Zusammenarbeit von immer mehr Spezialisten gelöst werden müssen. Ausgerechnet die Wirtschaft rückt daher solche Themen in den Mittelpunkt der gesellschaftlichen Entwicklung: Wie sollen wir uns verhalten? Wie werde ich gesund? Wie finde ich meine Ausgeglichenheit wieder (das nannte man früher „inneren Frieden")? Das gehört zum Erfahrungsschatz der christlichen Kirchen, und ihre Konzepte sind besser als die, die ebenfalls Vorstellungswelten anbieten, in denen es jedoch fast nur um den Einzelnen geht. Dabei kommt ihnen entgegen, dass die Ethik, die sich derzeit über Versuch und Irrtum in der Berufswelt unter leidvollen Verlusten evolutionär herausbildet, in der Theorie die christliche Ethik der Bibel ist (im Gegensatz zu manch real gelebter Ethik von Christen). Der österreichische Zukunftsforscher Professor Hans Millendorfer (1921 bis 2001) sagte schon bei Vorträgen in den 70er und 80er Jahren vorausschauend: „Ihr seid nicht die Letzten von vorgestern, sondern ihr seid die Ersten von morgen."

Es geht künftig nicht darum, Mitarbeiter zu manipulieren und Kunden über den Tisch zu ziehen („Wie zwinge ich ihn am Telefon zu einem schnellen Vertragsabschluss"). Eine langfristige vertrauensvolle Zusammenarbeit wächst nur dann heran, wenn jemand weiß, dass er sich im Guten wie im Schlechten darauf verlassen kann, dass der andere auch wirklich meint, was er sagt, dass dieser keine Informationen vorenthält oder die Wahrheit nach seiner momentanen Nützlichkeit manipuliert. Das entspricht dem Evangelium: „Euer Ja sei ein Ja, euer Nein sei ein Nein. Was darüber hinausgeht, ist vom Bösen."[27]

Während lügen ein bequemer Weg ist, Spannungen zu unterdrücken oder zu verzögern, werden sie durch Wahrhaftigkeit entschleiert und zu offen ausgetragenen Konflikten – diese sind völlig normal. Die Frage ist nur, in welchem Stil sie ausgefochten werden, ob mit dem Ellenbogen zur Vernichtung anderer oder ehrlich und sachlich nach dem besseren Argument, gerechtem Interessenausgleich und objektiv vereinbarten Spielregeln. Fair ausgetragene Konflikte bauen die Spannungen ab und führen zum Frieden. Die Menschen in der Wirtschaft leiden inzwischen stark unter den ungelösten Konflikten, die hintenrum weiter geschürt werden, seelische Kraft binden und Synergien verhindern. „Hat aber dein Bruder gegen dich gesündigt, so geh hin und weise ihn zurecht zwischen dir und ihm allein. Hört er auf dich, so hast du deinen Bruder gewonnen. Hört er aber nicht, so nimm noch einen oder zwei mit dir, damit auf dem Mund von zwei oder drei Zeugen festgestellt sei jede Sache. Hört er auch auf diese

[27] Matthäus 5, 37.

nicht, dann sag es der Kirche; hört er auch auf die Kirche nicht, dann sei er für dich wie der Heide und wie der Zöllner."[28] Das heißt in der Logik des humorvollen Jesus, der gerade zu den Sündern gekommen ist: Bemühe dich weiter um ihn. Umgekehrt gilt: „Wenn du daher deine Gabe zum Altar bringst und dich dort erinnerst, dass dein Bruder etwas gegen dich hat, so lass deine Gabe dort vor dem Altar und geh zuerst hin und versöhne dich mit deinem Bruder, und dann komm und opfere deine Gabe! Verständige dich mit deinem Gegner ohne Zögern, solange du noch mit ihm auf dem Weg bist."[29]

Gestörte Informationsbeziehungen heilen lassen

Für die komplexe Wirtschaft der Informationsgesellschaft ist es wichtig, dass sich gestörte Beziehungen heilen lassen. Sie kann es sich nicht leisten, dass jemand sagt: Mit dem arbeite ich nicht mehr zusammen. Oder wenn ungeklärter Streit noch das Verhältnis belastet. Deswegen wird sich am Ende der langen ökonomischen Restrukturierung eine Kultur herausbilden, in der man das eigene Verhalten redlich prüft, Schuld zugibt und andere um Vergebung bittet; eine Kultur, in der Schuld vergeben werden kann. „Wenn dein Bruder sündigt, so weise ihn zurecht, und tut es ihm Leid, so vergib ihm. Und sündigt er siebenmal am Tag gegen dich und kommt er siebenmal zurück und sagt: Es tut mir Leid, so vergib ihm."[30] Als Vorbild kann hier die „Wahrheitskommission" unter der Leitung von Bischof Desmond Tutu in Südafrika dienen, der es nicht um Strafe ging, sondern um einen unverfälschten Blick auf die Tatsachen und um Versöhnung.

Statt der hierarchischen Führungskultur des Industriezeitalters braucht die Informationsgesellschaft eine dienende Führungskul-

---

[28] Matthäus 18, 15-17.
[29] Matthäus 5, 22.
[30] Lukas 17, 3-4.

tur.[31] Wer andere herumkommandiert und benutzt, selbst aber nicht als gutes Beispiel vorangeht und den anderen auf partnerschaftlicher Augenhöhe begegnet, legt die ganze Gruppe lahm. Wer die meiste Macht und Kompetenz besitzt, soll sich am meisten anstrengen. „Die Könige der Heidenvölker spielen den Herrn über sie, und die Gewalthaber lassen sich ‚Gnädige Herren' nennen. Ihr seid nicht so; sondern der Größte unter euch werde wie der Kleinste und der Gebietende wie der Dienende."[32] Und nach diesem Zitat wusch Jesus die wohl ziemlich dreckigen Füße seiner Jünger. Das Wort Gehorsam ist belastet, seit es in Kadavergehorsam umgewertet wurde. In der 1500 Jahre alten christlichen Regel des Benediktinerordens jedoch wird Gehorsam verstanden als genau hinhorchen, oft auch übersetzt mit „Bereitschaft zum Dialog", also Kooperationsfähigkeit.

Die ist wichtig, weil die wenigsten Fehler dort entstehen, wo mehrere Blickwinkel in einem Team verhindern, dass sich jemand in einen Irrweg verrennt. Das funktioniert nur, wenn keiner automatisch kraft seines Status von vorneherein immer Recht hat. Denn dann würden die anderen nicht mehr mitdenken und ihre Ideen und Sichtweisen nicht mehr motiviert vortragen. Das Christentum geht davon aus, dass jeder Mensch fehlerhaft ist, dass sich jeder Mensch irren kann. Jesus ist da eindeutig: „Nur einer ist gut, Gott."[33] Das gilt auch in religiösen Fragen: Wenn zwei Christen in fünf verschiedenen Punkten unterschiedlicher Meinung sind und der eine davon ein intensiveres geistliches Leben führt, hat jener nicht immer automatisch Recht: Es kann sein, dass er in vier Punkten in der Wahrheit Gottes ist, aber in einem Punkte irrt (im Gegensatz zu Sekten und Psychogruppen, wo irgendeiner für sich in Anspruch nimmt, er sei „tiefer in den Glauben eingedrungen als andere" und könne deswegen andere dominieren). Deswegen ist das Christentum eine Dialogkultur.

---

[31] Vgl. Millendorfer/Baaske: „Aufbruch zum Leben", S. 51 f.

[32] Lukas 22, 25-26.

[33] Matthäus 19, 17.

Kontraproduktiv ist inzwischen, wenn jemand nur den Menschen und den Kollegen im Betrieb nützlich ist, die ihm selbst auch wieder nützlich sein könnten. Denn Informationsarbeiter sind so hoch spezialisiert, dass sie oft Leuten helfen, die ihnen wiederum keinen Nutzen zu bieten haben; andererseits helfen ihnen andere weiter, die sie mit ihrem Wissen nicht unterstützen können. Die Wirtschaft braucht daher eine freigiebige Kultur der Informationsweitergabe. Denn wir können die Folgen unseres Tuns nicht überblicken. Wer einem Nachbarskind kostenlos Nachhilfe gibt, das die Schule dann gut bewältigt und mehr Chancen bekommt, der kann dessen Erfolg im Leben nicht vorherberechnen. Die gute Tat wirkt über Generationen weiter. „Wenn ihr die liebt, die euch lieben, welchen Lohn habt ihr? Und wenn ihr nur eure Brüder grüßt, was tut ihr Besonderes? Tun nicht auch die Heiden das Gleiche?“[34]

Wenn bewusste Christen früher gegen den Strom im Arbeitsleben ehrlich waren, sich für den Gesamtnutzen einsetzten und jeden Menschen unabhängig von seinem hierarchischen Status sowohl respektierten als auch kritisierten, hatten sie es schwer. In Strukturen von Befehl und Gehorsam und einem Paradigma, in dem der Fortschritt von Technik abhing, ging ihr Verhalten unter. Das ist jetzt anders, wenn sie versöhnen, Wahrhaftigkeit erstreiten, anderen authentisch begegnen. Das neue sozioökonomische Paradigma bewegt sich auf Verhaltensmuster zu, die der christlichen Ethik entsprechen. Doch keine Ethik steht im leeren Raum. Die Begründung dafür liegt in der Glaubensvorstellung, mit welcher Haltung Gott den Menschen begegnet – und damit im Verhalten, wie es von Jesus im Evangelium überliefert wird: Bei der Samariterin am Brunnen mit ihren vergangenen fünf Lebenspartnern fängt er nicht an, sie über Todsünden zu belehren, sondern bietet ihr „lebendiges Wasser“, um ihre Bedürfnisse nach Liebe und Geborgenheit zu stillen. Ständig hakelt er sich mit

[34] Matthäus 5, 46 f.

denen, die sich um ihren eigenen Heiligkeitsstatus drehen und sich über andere erheben – auch an solchen Erscheinungsweisen hat die Kirche immer gelitten. Je mehr aber Wirtschaft und Gesellschaft – aus einer ökonomischen Notwendigkeit heraus – in die Kooperationsfähigkeit der Menschen investieren, umso mehr werden diese nicht Unterschiede, sondern Gemeinsamkeiten auch im Glauben betonen – übrigens mit Rückwirkungen, wie innerkirchlich und zwischenkirchlich miteinander umgegangen wird.

Denn es ist unvorstellbar, dass die Informationsarbeiter der Zukunft in ihrem Bereich ständig selber entscheiden und damit Verantwortung übernehmen müssen, aber in der/den Kirche(n) nur Vorgekautes übernehmen. Das wird die Kirche nicht schwächen, sondern im Gegenteil stärken, weil reflektierte Haltungen stabiler sind. Je mehr in der Wirtschaft die autokratische Führung durch eine moderierende und sinnorientierte Führung abgelöst wird, umso besser als bisher wird dies auch in der Kirche gelingen. Je mehr die Menschen im Berufsleben lernen, Spannungen auszuhalten und bei Gegensätzen die jeweils anderen nicht zu verteufeln, umso weniger werden Glaubensgegensätze in Einzelfragen zu emotionalen oder gar organisatorischen Brüchen führen. Und je weniger rein individualistisches Verhalten ohne Rücksicht auf universalethische Aspekte gesellschaftlich akzeptiert ist, umso weniger stark wird der Rückhalt für individualistisch-überschießende, theologische Entwürfe sein, die sich nicht integrieren lassen. Mit der Rückkehr religiöser Fragen in der gesellschaftlichen Entwicklung kehren nicht automatisch auch die Religionskriege zurück – eine Gelassenheit in Vielfalt macht sich breit.

Die ganzen Auseinandersetzungen um politische und wirtschaftliche Reformen laufen damit auf eine neue Qualität des Sozialverhaltens hinaus, die trägt, wenn der Wohlstand davon abhängt, über den eigenen Nutzen hinaus Informationsarbeit zusammenzuführen – und zwar global. Die Weltbevölkerung entwickelt sich zu einer gegenseitig abhängigen Gemeinschaft, deren Lebensqualität nur durch mehr Kooperation gesteigert werden kann. Die Knappheiten an Energie, Rohstoffen, Trinkwasser, sauberer Luft, Gesundheit und elementarer Bildung lassen sich nur überwinden, wenn immaterielle Ressourcen entdeckt und produktiver genutzt werden. Das ist die Geschichte der Zukunft.

Eine Einladung ...

Bitte helfen Sie mit, dass sich der nächste Bundestagswahlkampf nicht wieder nur darum dreht, ob die Steuern erhöht oder gesenkt werden sollen, sondern um kooperative Verhaltensweisen und um eine Politik der Gesunderhaltung.

Wie bei jedem guten Reiseführer bin ich auf die Tipps derer angewiesen, die sich vor Ort besser auskennen oder über Veränderungen berichten können.

Ich bitte daher, mich unter **haendeler@kondratieff.biz** anzumailen, wenn es aktuellere und bessere Informationen zu den im Buch angesprochenen Themen gibt.

Ich stehe auch gerne zur Verfügung, um in Vorträgen, Referaten und Diskussionen über die Kondratieff-Theorie und ihre Konsequenzen zu sprechen.

Sie können mich über die genannte E-Mail-Adresse kontaktieren, über den Marlon Verlag, der Ihre Anfragen gern an mich weiterleiten wird (info@marlon-verlag.de), oder über das Kontaktfeld auf meiner Website **www.erik-haendeler.de**. Dort finden Sie auch nähere Informationen zu meinen Vorträgen und Artikel von mir aus der Wirtschaftspresse. Die Regeln guter Zusammenarbeit habe ich auf der Website www.neuearbeitskultur.de angefangen zu sammeln.